KB117461

건축으로 세상을 바꾼 혁명가 르코르뷔지에(1955년경).

르코르뷔지에의 건축 미학으로부터 영향을 받은 현대 도시

르코르뷔지에는 현대 도시 형성에 큰 영향을 주었다. 두 차례의 세계대전을 전후로 주로 활동했던 그는 무거운 돌과 대리석 대신 산업사회에 걸맞은 철근콘크리트를 이용하여 경제적이고 기능적이며 합리적인 건축을 추구했다. 또한 마천루와 넓은 도로, 녹지로 구성된 도시 모습을 상상했는데, 이는 도시의 효율성을 높이고 시민들에게 찬란한 빛과 신선한 공기를 공급하기 위해서였다.

르코르뷔지에가 노년의 안식처로 삼은 로크브륀느카프마르탱
노년의 르코르뷔지에는 멀리 모나코가 보이는 프랑스 남동부 해안가에 작은 오두막을 짓고
여가를 즐겼다. 그는 전 세계를 다니며 건축의 모더니즘을 이끌었지만, 찬란한 햇살과 아름다
운 해변이 있는 지중해를 늘 그리워했다. 지중해는 그의 삶과 예술에 큰 영향을 미치며 정신적
인 고향이 되어주었다.

르코르뷔지에

×

신승철

건축을 시로 만든 예술가

arte

르코르뷔지에의 설계 사무소가 자리했던 파리 세브르가

르코르뷔지에는 파리 세브르가 35번지에 있는 허름한 창고를 임대해 설계 사무소로 사용했
다. 창고는 본래 옛 수도원의 복도였는데, 가로로 긴 공간 구조 덕분에 설계 사무소로 활용하
기에 적당했다. 박봉에도 불구하고 그의 사무소는 전 세계에서 온 인재들로 북적였다. 한국
모더니즘 건축의 1세대로 일컬어지는 김중업도 이곳에서 근무하면서 여러 프로젝트에 참여
했다.

❶ 라쇼드퐁 스위스
태어나서 성장기를 보낸 곳

르코르뷔지에는 스스로 지중해 사람이라는 정체성을 가지고 있었지만, 그의 고향은 스위스 서쪽 산간 마을인 라쇼드퐁이다. '시계계곡'이라 불릴 만큼 스위스 시계 산업의 메카인 이곳에서 1887년에 태어난 그는 처음에는 아버지처럼 시계 장식가가 되려고 했지만 샤를 레플라트니에를 만나면서 건축가의 길로 들어서게 되었다. 열일곱 살에 처음 설계한 빌라 팔레는 스승의 큰 기획 속에서 탄생했다.

❷ 아테네 그리스
고전 건축의 진수를 맛본 도시

독학으로 건축가가 된 르코르뷔지에에게 여행은 학위나 자격증을 대신하는 징표와도 같았다. 그중 1911년에 감행한 '동방 여행'이 유명하다. 다뉴브강 일대를 거쳐 이스탄불과 그리스까지 갔다가 돌아오는 여정으로, 여행에서 그는 이국의 민속예술과 지중해 건축의 매력을 흠뻑 맛보았다. 특히 아크로폴리스 위의 신전은 시공간을 뛰어넘는 깊은 울림을 주면서 그의 건축이 나아갈 방향을 분명히 제시해주었다.

❸ 푸아시 프랑스
근대건축의 출발 '빌라 사보아'가 있는 곳

새로운 시대에 맞는 건축을 고민해온 르코르뷔지에는 '집은 살기 위한 기계'라는 화두를 던지며 '새로운 건축의 다섯 가지 원칙'을 제시했다. 그는 이 원칙을 적용한 건물을 파리 근교 푸아시의 언덕 위에 '떠다니는 흰 상자' 모양으로 선보임으로써 큰 호응을 얻었다. 비록 방수 문제로 건축주는 많은 고통을 겪었지만 빌라 사보아는 건축의 역사를 새로 쓴 기념비로 남게 되었다.

❹ 코르소 스위스
부모님을 위해 '작은 집'을 지은 곳

파리에서 자리를 잡아갈 무렵, 르코르뷔지에는 부모님을 위해 코르소의 레만 호숫가에 작은 집을 지었다. 빌라 사보아의 비극을 겪으면서 집은 예술이기 이전에 삶의 터전임을 뼈저리게 절감한 그는 이제 '행복의 건축'을 화두로 삼게 되었다. 간결한 형태, 레만호의 풍경이 그대로 들어오는 수평창, 하루 종일 비치는 햇살 등이 돋보이는 이 작은 집에서 그의 어머니는 백수를 누렸다.

❺ 마르세유 프랑스
현대적인 아파트 '위니테 다비타시옹'이 있는 곳

두 차례의 세계대전을 겪으면서 프랑스는 국가 재건이라는 막중한 과제에 직면했다. 특히 많은 난민들이 발생하면서 주택난이 심각한 문제로 대두되었다. 이에 르코르뷔지에는 단 한 동으로 1600명가량을 수용할 수 있는 집합 주거 건물을 지중해가 내려다보이는 마르세유의 언덕에 지어 올렸다. 그렇게 탄생한 위니테 다비타시옹은 현대식 아파트의 기원이 되어 각국의 도시들로 퍼져나갔다.

❻ 롱샹 프랑스
후기 걸작 '롱샹성당'이 있는 곳

젊은 날, 파르테논신전에서 깊은 영감을 받았던 르코르뷔지에는 훗날 롱샹 마을의 언덕에 자신만의 방식으로 옛 신전을 재현해냈다. 무신론자였던 그는 전통적인 종교 건축의 틀에서 과감히 벗어나 역동적인 형태와 곡선, 게딱지를 본뜬 이색적인 지붕, 형형색색의 빛이 쏟아져 들어오는 스테인드글라스 등이 돋보이는 건축을 선보임으로써 영적이면서도 매우 예술적인 공간을 창조해냈다.

❼ 에뵈쉬르아브렐 프랑스
또 하나의 걸작 '라투레트수도원'이 있는 곳

르코르뷔지에는 라투레트수도원을 지으면서 젊은 날 깊은 감명을 받았던 수도원 건축을 떠올렸다. 그는 이를 모델로 수사들의 개인 공간과 공용 공간이 유기적으로 연결되고 외부 풍경과 그림자의 움직임이 다채롭게 변주하는 감각적인 공간을 선보였다. 이로써 회색의 콘크리트 건물은 형언할 수 없는 시적인 공간으로 거듭났다.

❽ 로크브륀느카프마르탱 프랑스
노년의 안식처가 되어준 곳

1950년, 르코르뷔지에는 파리의 펜트하우스를 두고 지중해와 면한 로크브륀느카프마르탱 해안가에 작은 통나무집을 지었다. 전 세계를 누비며 건축의 역사를 새로써 내려간 위대한 거장의 집이라고 하기에는 너무나 작고 허름해 보였지만, 그는 이 집을 자신의 걸작으로 꼽으며 '궁전'이라고 불렀다. 여기서 말년을 보낸 그는 그토록 사랑한 지중해의 품에 안겨 생을 마감했다.

일러두기

— 단행본, 장편소설, 소설집은 겹낫표(『 』)로, 단편소설, 책의 일부는 홑낫표(「 」)로, 신문, 잡지는 겹화살괄호(《 》)로, 미술, 음악, 영화 등의 작품명은 홑화살괄호(〈 〉)로, 건축물은 처음에 등장할 때 홑따옴표(' ')로 표기했다.
— 외래어 표기는 국립국어원 외래어표기법을 따랐으나, 관습적으로 굳은 표기는 그대로 허용했다.

CONTENTS

언덕 위 작은 신전

예술을 품은 대지

왜 이 길을 걸어야 한다고 생각했을까? 한여름 뙤약볕 아래 르코르뷔지에의 무덤을 찾는 여정은 녹록지 않았다. 가파른 언덕을 향해 굽이친 도로는 그늘을 솜씨 좋게 피해갔고, 간혹 지나가는 자동차 내부에서 낯선 시선이 느껴졌다. 아름다운 지중해 해변을 뒤로하고, 자동차 도로로 언덕을 오르는 이가 나 말고 누가 있겠는가? 때때로 이는 자동차 바람에 고마워하며 한 가지 사실을 알게 되었는데, 아마 르코르뷔지에뿐만 아니라 지역 주민 어느 누구도 이 길을 걷지는 않았을 것이라는 점이다. 심지어 르코르뷔지에는 자동차 마니아가 아니었는가? 그는 평생 차를 열 번 넘게 바꾸었고, 이곳 로크브륀느카프마르탱에서 해안가 드라이브를 즐겼다.

르코르뷔지에는 젊은 시절부터 차에 관심이 많았지만, 뚜벅이 여행을 피하지는 못했다. 그는 도시와 건축을 공부하기 위해 곳곳을 여행하면서 경제적 여유가 없는 대부분의 청년처럼 발품을 팔았다. 특히 먼 거리를 돌아 여행하기를 즐겼다. 자신이 원하는 방식으로 도시를 보기 위해서였다. 이스탄불에 갈 때는 편한 기차를 두고 열세 시간이나 걸리는 배에 올랐다. 바다 위에서 오스만제국의 수도를 보기 위해서였다. 발칸반도에서는 아름다운 밤하늘을 올려다보며 노숙했고, 마차로 산길을 오르다 치아가 모두 주저앉기도 했다. 이탈리아 시에나에서는 햇빛에 반사된 성당의 모습을 보기 위해 몇 시간씩 광장을 서성이기도 했다. 여행은 수고를 감수하게 한다. 특히 건축을 제대로 경험하려면 약간의 고생은 필수적이다. 그것은 천천히 다가와 자신을 믿고 선 이에게만 제대로 된 공간을 내어준다.

건축은 대지 위에 지어지고, 그것과 관계 맺는다. 마르틴 하이데거는 그리스 신전에서 이 평범한 진리를 깨닫고 예술철학의 초석으로 삼았다. 신전은 돌로 지은 구조물에 불과하다. 하지만 우리는 거기서 신을 만나고, 새로운 세계를 경험한다. 건축이라는 예술이 한 장소를 전혀 다른 세계로 변화시킨 것이다. 마르틴 하이데거처럼 표현해보자면 예술은 대지 위에서 새로운 세계를 연다. 예술 작품의 진리aletheia는 그렇게 드러난다.

나는 수고스럽더라도 예술을 품은 대지를 걸어보고 싶었다. 그렇다고 하이데거처럼 어떤 비밀스러운 진리를 찾으려 했던 것은 아니다. 내가 엉뚱한 자동차 도로를 걷게 된 이유는 단순했다. 르코르뷔지에는 몇몇 건축물을 도시 외곽에 지어놓았고, 나는 그가 대지에 구축해놓은 세계를 몸으로 직접 경험해보고 싶었다. 그가 아무것도 없는 빈터에서 무엇을 상상했고 그 자리에 어떤 세계를 펼쳐놓았는지 알기 위해, 그리고 그가 중시한 건축의 감동을 몸으로 느껴보기 위해 나는 걷기를 선택했다.

물론 르코르뷔지에 건축의 경우, 약간의 어려움이 뒤따른다. 불행히도 그의 유명 건축물은 대부분 언덕에 자리 잡고 있다. 젊은 시절 그는 언덕 위에 있는 그리스 신전에 매료되었고, 비슷한 대지 위에 건물을 지을 수 있게 되면 절대 그 기회를 놓치지 않았다. 공교롭게도 그의 무덤 역시 마을이 한눈에 내려다보이는 양지 바른 언덕에 위치하고 있다. 보통의 프랑스 시골 묘지가 마을 어귀나 언덕 초입에 자리 잡고 있는 것과 다르게 로크브륀느카르마르탱의 공동묘지는 망자들이 코트다쥐르의 아름다운 해변을 내려다볼 수 있게 배려한 듯했다. 밝은 햇살 때문인지 묘지 분위기도, 좁은 분묘 사이에 경쟁적으로 비석이 서 있는 여느 시골 동네와 달랐다. 이곳 주민들은 저세상에서도 지중해의 따뜻한 햇살을 받으며 차분한 안식을 취하려 했던 것 같다. 르코르뷔지에도 같은 이유에서 이 여름 휴양지에 작은 오두막을 짓지 않았는가. 휴가차 종종 찾던 지중해 해변을 노년의 안식처로 삼은 그의 선택은, 죽음 이후에도 영원한 보상을 안겨주고 있었다.

위대한 건축가의 작은 건축물

'역사상 최고의 건축가' '미켈란젤로에 비견되는 놀라운 재능을 지닌 예술가' '현대건축과 도시에 가장 큰 영향을 끼친 혁신가'. 이는 모두 르코르뷔지에를 수식하는 표현이다. 그는 1917년 파리 예술계에 홀연히 나타나 건축의 근대화를 이끌었다. 아름답고 혁신적인 건축물을 선보이며 도시와 건축 문화 전반에 커다란 변화를 가져온 그는 전 세계를 누비며 집을 지었고, 강연과 저술과 전시 활동도 게을리하지 않았다.

그는 일생 열두 개 나라에 일흔다섯 채의 건물을 지었다. 인도의 찬디가르를 제외하면 실현된 것이 없지만 전 세계 마흔두 개 도시의 계획안을 세우기도 했다. 이외에도 400여 점의 회화와 8000여 장의 드로잉, 44점의 조각 작품을 남겼고, 살아생전 무려 서른네 권에 이르는 책을 출판했다. 어쩌면 그의 영향력은 천부적인 재능과 원대한 이상만이 아니라 누구도 따라 할 수 없는 활동량에서 나온 것일지도 모른다. 그는 하루 스무 시간씩 일했다. 매일 아침 그림을 그렸고, 오후에는 건축을 했으며, 밤에 글을 썼다. 그는 활동에 방해받지 않기

르코르뷔지에의 콘크리트 묘
르코르뷔지에의 무덤은 로크브륀느카프마르탱의 양지 바른 언덕에 자리잡고 있다. 그는 자신이 묻힐 무덤을 직접 디자인했는데, 이 때문인지 많은 순례객들이 여전히 이곳을 찾고 있다. 푸른 하늘과 지중해를 향해 열려 있는 이 작은 무덤은 그가 늘 동경하던 무한의 공간으로 우리를 안내한다.

위해 아이를 갖는 것마저 포기했다. 오직 예술에 인생을 바쳤고, 이러한 헌신을 통해 우리의 건축과 도시는 혁신을 경험했다.

그러나 누구에게나 멈추어야 하는 순간이 있고, 이는 피할 수 없는 운명으로 다가온다. 르코르뷔지에는 갑작스러운 죽음을 예상이나 한 듯 자신의 안식처를 양지 바른 언덕에 마련해두었다. 언덕의 경사를 따라 계단식으로 배열된 묘지 사이에서 그의 흔적을 찾는 것은 어렵지 않다. 파스텔 색조의 명판 때문인지, 아니면 현대적인 디자인 덕분인지 그의 작은 묘비는 멀리서도 금방 눈에 띈다. 그것은 그가 평소 즐겨 사용하던 조형 요소를 고스란히 담고 있다. 그렇다, 그는 자신의 묘를 직접 디자인했다.

무덤은 한 인간이 세상에 남기는 마지막 흔적이자, 망자가 차지할 수 있는 유일한 공간이다. 르코르뷔지에는 이 작은 땅조차 허투루 쓰지 않고 자신의 건축을 위한 대지로 삼았다. 나는 기행을 준비하면서 이곳을 첫 여행지로 삼았다. 위대한 건축가의 마지막 흔적에서 그의 인생과 예술의 단면을 엿볼 수 있으리라는 기대 때문이었다. 무덤은 그가 지은 가장 작은 건축물이며, 평생 남을 위해 집을 지어온 그가 자신에게 허락한 최고의 사치였다. 르코르뷔지에가 디자인한 무덤에 눕는 영광은 분명 아무에게나 허락된 것이 아니다.

하지만 기대와 달리 르코르뷔지에의 무덤은 '근대의 미켈란젤로'라는 호칭이 무색할 만큼 보잘것없다. 그는 르네상스의 거장처럼 건축, 회화, 조각 모두에 뛰어났지만, 그의 무덤은 옛 거장의 안식처와 많은 차이를 드러낸다. 그것은 도상학적 의미를 지닌 조각으로 장식되지도, 특별한 볼거리로 감동을 자아내지도 않는다. 게다가 그의 무덤은 공동묘지라는 세속적인 공간에 자리하고 있다. 보통 위인은 성당이나 신전 같은 성스러운 곳에 모셔져 참배객을 종교적이고 영적인 세계로 안내한다. 이에 비해 르코르뷔지에의 무덤은 그의 건축만큼이나 세속적이다. 그는 일생 편안하고 안락한 공간을 만들기 위해 노력했고, 특히 노동자계급을 위해 집을 지었다. 동료 건축가들이 부유층을 위한 고급 주택을 지을 때 작은 공간에서 최대한의 편의를 누릴 수 있는 방법을 연구했던 그는, 모든 사람에게 사적 공간을 제공하려 했고, 이것이 행복의 기초가 된다고 믿었다.

르코르뷔지에는 로크브륀느카프마르탱의 해안가에서 이를 몸소 경험했다. 그는 파리의 펜트하우스를 두고 이곳 해변에 14제곱미터 크기의 작은 오두막을 지었다. 그는 틈날 때마다 오두막에서 시간을 보냈다. 이곳에서의 생활은 전혀 불편하지 않았고, 찬란한 햇살과 아름다운 해변은 큰 기쁨을 안겨주었다. 그의 대표작인 '라투레트수도원Couvent Sainte-Marie de La Tourette'과 인도 '찬디가르 도시계획안'이 모두 이 집에서 나왔으니, 그의 믿음이 틀리지 않은 셈이다. 그는 거창한 건축을 추구하지 않았다. 그가 추구한 '행복의 건축'은 실용적이고 세속적이었다.

르코르뷔지에의 납골묘는 오두막보다도 훨씬 작다. 이미 세상을 떠난 이가 이승의 자리를 넓게 차지할 이유가 무엇이란 말인가? 그는 그저 아내와 함께 몸을 누일 공간만으로 만족했다. 그의 무덤은 지중해의 밝은 햇살 아래 놓여 있다. 나는 니스 해변에서 가져온 작은 조약돌 하나를 콘크리트 묘 위에 올려놓았다. 지중해의 햇살을 사랑했고 그 빛 속에서 생을 마감한 예술가를 기리기 위해서였다. 그는 조약돌이 진정한 기하학 형태를 보여준다고 믿었고, 종종 그것을 손에 쥐고 다녔다. 자연이 만든 완전한 형태를 손으로 느껴보려 한 것이다. 이 위대한 건축가는 조약돌 가득한 로크브륀느카프마르탱의 바닷가에서 수영하다가 심장마비로 세상을 떠났다. 1965년 8월 27일, 그는 그토록 사랑하던 지중해의 품에 그렇게 안겼다. 언젠가 그는 지중해의 아름다움을 이렇게 표현했다.

> 시간이 지나면서 나는 어디에나 존재하는 사람이 되어버렸어. 여러 대륙을 돌아다녔지. 그렇지만 단 한곳에만 애정을 품게 되었다네. 그곳이 지중해야. 나는 진짜 지중해 사람일세. 지중해는 형태와 빛의 여왕이야.
>
> ─ 다니엘 파울리, 『르코르뷔지에와 지중해』, 7쪽

르코르뷔지에의 이런 고백은 그의 죽음이 결코 비극만은 아니었음을 말해준다. 스위스 산간 지방에서 태어난 그는 지중해 일대를 여행하며 건축을 배웠고, 오랜 인생 여정을 통해 스스로 지중해 사람이 되었다. 지중해 출신 이본 갈리스와 결혼했고, 1950년 로크브륀느카프마르탱의 해안가에 작은 통나무집을 지었다. 그는 지중해의 밝은 햇살을 사랑했고, 그것이 만들어내는 다양한 형태와 색을 건축으로 형상화했다. 그의 인생과 예술은 지중해의 빛 속에서 서로 연결된다.

르코르뷔지에의 분묘는 너무나 밝은 햇살 아래에서도 눈부심이 없다. 그는 언제나 태양의 움직임과 건물의 방위를 중시했다. 다행히 공동묘지는 남쪽 해안을 향해 자리 잡고 있어서 이미 정해진 무덤 축을 바꿀 필요가 없었다. 다만 그는 태양의 입사각에 맞추어 묘비의 기울기를 조절했다. 그리고 살아생전 즐겨 사용한 재료인 콘크리트로 분묘를 제작했다. 르코르뷔지에와 동시대 건축가들은 무거운 돌과 대리석으로 뒤덮인 건물 대신, 철근콘크리트를 이용한 새로운 건축양식을 확립했다. 그들은 경제적이고 합리적인 건축을 꿈꾸었다.

르코르뷔지에는 사랑하는 아내를 위해 납골묘를 제작하면서 이러한 이상을 포기하지 않았다. 그는 직육면체와 원통형의 작고 단순한 콘크리트 오브제를 적절히 활용했다. 기하학 형태는 적정 비율 속에서 추상적이고 정신적인 아름다움을 부족함 없이 드러내주었다. 르코르뷔지에는 빛 속에서 명쾌한 형태를 만드는 이러한 도형에 매료되었다. 그 조형 요소들은 옛 신전뿐만 아니라 현대적인 공장과 창고에서 이미 활용되고 있었다. 그것은 합리적인 형태로 감동을 주고자 했던 근대건축의 적절한 조형 언어가 되었다. 관찰자의 시선에 맞게 적당히 기울어진 직육면체의 묘비와 원통형의 오브제가 잘 어우러진 이본의 분묘는, 근대건축의 개척자가 합장되기에 손색없었다.

세상 어느 누구도 자기 무덤을 만들 수 없다. 죽음은 그런 것이다. 망자는 사라지고, 그를 기리는 것은 남은 자의 몫이다. 르코르뷔지에의 분묘는 그의 손으로 제작되었다. 그것은 타인의 시선이 아닌 건축가 자신의 흔적을 담고 있다. 르코르뷔지에는 사랑하는 아내가 암으로 죽자 납골묘를 제작하면서 자신이 누울 자리를 비워놓았다.

노년의 르코르뷔지에는 암 투병 중인 아내 곁을 충실히 지켰고, 그녀가 죽자 자신만의 방식으로 애도했다. 그는 이본의 시신을 화장하고 유골을 수습하는 과정에서 목뼈 하나가 온전히 남은 것을 발견하고는 고깔 모양으로 둘둘 만 신문지에 뼛조각을 담아 집으로 가져갔다. 그날 이후 그는 이본의 뼈를 호주머니에 넣고 다녔다. 작업 중에는 그것을 제도대에 올려놓았고, 가끔 스케치하기도 했다. 목뼈는 조약돌과 마찬가지로 자연이 빚어낸 형태였고, 무엇보다 사랑하는 아내의 흔적이었다.

르코르뷔지에는 아내와의 행복한 기억만을 회상하며 노년을 보냈다. 그는 뼛조각을 어루만지며 그리움을 달랬다. 주변 사람들은 이를 엽기적이라 생각했지만, 단지 죽음을 대하는 그의 방식이 약간 남달랐을 뿐이다. 그는 20대에 떠난 '동방 여행'에서 죽음을 대하는 터키인의 태도에 깊은 인상을 받았다. 셀 수 없이 많은 무덤과 주거지가 뒤섞인 이스탄불 구도심의 기이한 풍경이 그에게 알 수 없는 평온함을 가져다주었던 것이다. 그들에게 죽음은 공포나 상실이 아닌 삶의 일부가 되어 있었다. 당시 그는 어느 여염집 문틈에서 한 남자가 집 정원에 있는 무덤 기둥에 기대어 쉬는 모습을 보고 큰 충격을 받았다. 그가 보기에 터키인은 죽음에 대한 공포를 막아주는 종교를 가지고 있는 것 같았다. 그는 자신의 머리로는 결코 이해하지 못할 그들의 믿음을 이스탄불의 풍경과 함께 받아들였다. 그는 높고 푸른 하늘과 드넓은 바다, 수많은 무덤과 비석, 바람에 흔들리는 사이프러스 나무, 모스크와 주거지가 뒤섞인 삶의 풍경을 늘 떠올렸다. 삶과 죽음, 소박한 건축물과 무한의 공간에 대한 동경은 어느 순간 그의 일상과 예술에 새겨졌다.

르코르뷔지에의 납골묘는 푸른 하늘과 지중해를 향해 열려 있다. 경사진 그의 묘비는 하늘과 바다가 맞닿은 곳을 가리키고 있는 것처럼 보인다. 그가 꿈꾸었던 건축의 감동은 여기서 성취된다. 그의 영혼이 살아 숨 쉬는 아름다운 자연과, 그의 유골을 품은 소박한 콘크리트 구조물, 그리고 그가 일생 추구한 '햇살 아래 아름다운 형상'은 이곳에서 조화롭게 공존한다.

콘크리트 묘에는 르코르뷔지에가 좋아했던 조개껍데기 자국이 마치 화석처럼 새겨져 있다. 또한 그것은 이본이 항상 지니고 다니던 십자가를 성유물처럼 품고 있다. 시간을 뛰어넘은 화석처럼, 그리고 기적을 일으키는 성유물처럼 르코르뷔지에의 작은 건축물은 죽음을 넘어선 위대한 기념비이자, 언덕 위 작은 신전이 된다. 그것은 드넓은 대지 위에 그의 예술 세계를 펼쳐놓는다. 저 멀리 모나코와 지중해, 그리고 로크브륀느카프마르탱의 곶이 한눈에 내려다보이는 열린 공간에서 그는 '햇살 아래 형태의 놀이'를 지속한다. 그렇게 그는 자신이 연출한 무한의 공간으로 우리를 초대한다.

시계계곡의
소년 건축가

건축가의 고향, 라쇼드퐁

지중해 사람 르코르뷔지에는 스위스 산간 마을에서 태어났다. 알프스와 지중해는 그 거리만큼이나 어울리지 않는다. 하지만 사람의 앞날을 누가 알겠는가? 우리는 우연과 필연 사이에서 매 순간 극적인 변화를 경험하고, 여러 사건이 만드는 인생은 예측하지 못한 경로 위에 놓이게 된다. 르코르뷔지에는 스위스 태생이지만 프랑스인이 되었고, 산간 마을 시계 장식가 대신 시대와 지역을 초월한 예술가가 되었다. 그는 조국을 등졌지만 스위스 지폐에 얼굴이 새겨졌고, '야만적'이라 비판받던 그의 철근콘크리트 건축은 유네스코 세계문화유산에 등재되었다. 이런 인생 여정을 미리 예측하기란 어렵다. 하지만 니체의 책을 늘 곁에 두고 읽었던 그는 이를 자기 의지로 일구었다고 굳게 믿었을 것이다.

르코르뷔지에의 고향 마을을 찾기 위해 기차에 올랐다. 그곳은 해발고도 1000미터가 넘는 고산지대에 자리 잡고 있다. 산이 많은 스위스에서 이는 눈에 띄는 특징은 아니다. 스위스 기차들은 가파른 경사와 커브가 익숙한 듯 별다른 어려움 없이 도시 사이를 오간다. 아름다운 산과 호수, 샬레chalet라 불리는 전통 가옥, 산비탈에서 한가로이 풀을 뜯는 양 떼를 구경하다 보면 어느덧 새로운 도시가 나타난다. 반복되는 차창 밖 풍경에 지루해질 때쯤, 도착을 알리는 프랑스어 방송이 흘러나왔다. 스위스는 프랑스, 독일, 오스트리아, 이탈리아에 둘러싸여 있고, 그 나라들과 언어를 공유한다.

라쇼드퐁의 경우 종교 탄압을 피해 건너온 프랑스 개신교도가 수차례 유입되면서 기틀이 다져졌다. 그들은 쥐라산맥을 타고 이동해 이 산골 마을에 정착했고, 마을의 성격을 점차 바꾸어놓았다. 종교와 함께 시계 산업이 그 중심을 차지하게 된 것이다. 삼십년전쟁으로 독일 시계 산업이 위축된 틈을 타 카타리파(영육 이원론과 영지주의를 바탕으로 한 프랑스 기독교 교파)와 위그노의 후예들은 물량 공세를 시작했다. 그들은 파리 시계 시장을 잠식했고, 곧이어 세계 시장의 판도를 바꾸어놓았다. 19세기 중반 제네바의 시계 생산량은 약 70만 개에 달했는데, 라쇼드퐁의 장인들은 무려 그 다섯 배를 생산하고 있었다. 20세기에 이르러 그들은 전 세계 시계 생산량의 절반을 도맡았다.

에두아르의 고향 라쇼드퐁

에두아르는 1887년 스위스 쥐라산맥 인근에 있는 라쇼드퐁에서 태어났다. 라쇼드퐁은 시계 산업이 발달한 곳으로, 에두아르는 고향에서 산업사회의 변화와 아름다운 자연 풍경을 동시에 경험했다. 이러한 이중적인 체험은 훗날 그의 예술 세계 형성에 큰 영향을 주게 된다.

제네바에서 바젤로 이어지는 스위스 서쪽 산간 지방은 오늘날 '시계계곡'이라 일컬어진다. 라쇼드퐁은 그 중간쯤 위치해 있는데, 관광 안내 책자의 첫 항목이 '시계박물관'일 정도로 도시가 시계 중심으로 돌아간다. 그래서인지 기차역에서 바라본 도시의 모습은 르코르뷔지에의 기억 속 풍경과 사뭇 달랐다. 그는 고향 이야기를 할 때마다 아름다운 꽃과 지저귀는 새, 높이 솟은 나무와 울창한 숲, 산과 강이 어우러진 수려한 풍경을 자랑했다. 하지만 어느 도시나 그렇듯이 기차역 주변은 여행자의 낭만적 기대를 대번에 꺾어놓는다. 현대식 버스 정류장과 마치 일부러 줄을 세워놓은 듯 질서 정연한 가로는, 이곳이 쥐라산맥 어딘가이고, 호수가 아름다운 뇌샤텔 근처라는 사실을 잊게 만든다. 차라리 이 도시에는 카를 마르크스의 비유가 훨씬 잘 어울려 보인다. 마르크스는 근대의 시계 산업을 분석하면서 라쇼드퐁을 "거대한 시계 산업 단지"라고 불렀다. 라쇼드퐁에는 특이하게 큰 시계 공장이 없었다. 대신 독립된 수공업자가 독특한 형태의 분업을 했다. 각 공방에서 각기 다른 부품을 만들었고, 이를 조립해 시계를 완성했다. 도시는 분업에 최적화된 형태로 건설되었다. 다양한 부품 제작 공방이 유기적으로 배치되었고, 하루 다섯 시간밖에 떠 있지 않는 해를 가리지 않기 위해 가로의 방향과 건물 높이가 결정되었다.

르코르뷔지에는 항상 고향 마을을 아름답게 묘사했지만, 실제로는 이런 모습을 그리 좋아하지 않았다. 그는 일렬로 늘어선 프로이센 스타일의 건물에서 고향 사람들의 몰취미를 봤다. 그들에게서 예술적 전통이라고는 전혀 찾아볼 수 없었다. 그는 종종 사용하던

'나환자촌'이라는 비하의 표현을 고향 마을에 적용했다. 치기 어린 시절 누구나 그렇듯이 젊은 건축가는 "빌어먹을 라쇼드퐁"을 하루라도 빨리 벗어나고 싶어 했다.

그렇다고 르코르뷔지에가 고향에 대해 가진 감정을 이상하게 생각할 필요는 없다. 사람은 대체로 자기 환경에 대해 이중적이지 않은가. 우리는 도시 생활을 불평하면서 그 편익을 누린다. 분명 르코르뷔지에도 고향에 대한 고마움과 애정을 적지 않게 가지고 있었을 것이다. 실제로 그는 서른 살에 파리에서 제2의 인생을 시작하기 전까지 고향 주위를 계속 맴돌았다. 지역 고유의 건축양식을 개발하고, 교편을 잡아 후학을 양성했으며, 무엇보다 도시환경 개선을 위해 많은 노력을 기울였다.

마을 역시 그의 성장에 큰 도움을 주었다. 라쇼드퐁은 그의 재능을 발견했고, 그에게 건축을 시작할 수 있는 기회를 주었다. 르코르뷔지에는 건축보다 저술 활동을 통해 먼저 유명세를 얻었는데, 지역 신문에 연재한 기행문이 그 출발점이었다. 그는 시계계곡에서 산업사회를 경험한 동시에 아름다운 자연을 배웠다. 특히 마을을 조금만 벗어나면 접할 수 있는 아름다운 자연은 그의 예술적 자양분이 되어 주었다. 라쇼드퐁이라는 작은 마을은 그의 세계이자 극복해야 하는 한계였으며, 무엇보다 기회의 땅이었다. 그는 열일곱 살에 고향에서 첫 주택을 디자인했다.

시계계곡의 장식미술가

르코르뷔지에는 1887년 10월 6일에 라쇼드퐁에서 태어났다. 마을에 그의 생가가 아직 남아 있는데, 겉보기에도 그가 경제적 여유를 누렸을 것 같지는 않다. 그의 아버지는 시계에 에나멜 칠을 하는 장인이었고, 어머니는 음악을 가르쳤다. 그들은 갓 태어난 둘째 아들에게 샤를에두아르 잔느레그리Charles-Édouard Jeanneret-Gris라는 이름을 붙였다. 이것이 르코르뷔지에의 본명이다. 에두아르는 평범한 노동자계급 가정에서 태어나 자랐지만 집안 분위기는 남달랐다. 그의 어머니는 동네 아이들에게 피아노를 가르쳤다. 덕분에 집 안에는 항상 음악이 흘렀다. 에두아르는 일곱 살에 피아노 연습을 시작했다. 하지만 음악보다 미술에 소질을 보였다. 그는 매일 식탁에 앉아 그림을 그렸다. 수채화를 배우면서부터는 빨랫줄 가득히 그림을 걸어놓고 말리기도 했다. 그의 부모는 귀찮아하기는커녕 이를 독려했다. 그의 첫 전시회는 이렇듯 집 안을 어지럽히며 열렸다.

어머니와 에두아르뿐만 아니라 그의 형 알베르도 집안의 예술적 분위기를 북돋웠다. 알베르는 다방면에 재주가 많고, 특히 음악에 뛰어나 부모의 기대를 한 몸에 받았다. 그는 학업 성적이 우수했지만 바이올리니스트가 되기 위해 열다섯 살에 학교를 그만두었다. 부모의 과감한 결단 없이 이러한 결정은 쉽지 않다. 각자의 직업 때문인지 부모는 예술에 관심이 많았다. 특히 어머니는 음악에 대단한 열정을 가지고 있었다. 그녀는 어린 두 자녀를 데리고 공연을 보러 다녔고, 큰아들과 한 무대에서 연주하기도 했다. 착하고 순종적

에두아르가 태어난 라쇼드퐁 라세르가 38번지

에두아르는 스위스의 평범한 중산층 가정에서 태어났다. 시계 장식가였던 아버지와 피아노를 가르치던 어머니 덕분에 집안에는 예술적 분위기가 흘렀는데, 이는 두 아들의 진로 선택에 큰 영향을 미쳤다. 에두아르의 형 알베르는 바이올리니스트이자 음악 교육가가 되었고, 에두아르는 자신을 화가라고 생각하는 건축가가 되었다.

인 큰아들이 바이올린 연주자의 길로 들어선 것은 자연스러운 수순이었다. 그는 뛰어난 재능을 지녔고, 부모가 우려할 만큼 연습을 열심히 했다.

반면 에두아르는 부모의 걱정을 독차지했다. 그는 천성이 착했지만 말썽꾸러기였고, 지나치게 예민한 탓에 화를 잘 내고 반항적이었다. 공부를 꽤 잘했지만 형만큼은 아니었다. 에두아르는 음악을 비롯해 모든 면에서 형에게 조금씩 뒤처졌다. 하지만 그림 실력만큼은 대단했다. 이는 시계 장식을 하던 아버지를 기쁘게 했다.

아버지는 두 아들과 산에 오르는 것을 좋아했다. 에두아르는 주말이면 산에 올라 그림을 그렸다. 산속 풍경을 화폭에 담으면서, 거대한 시계 산업 단지 너머의 세상에 관심을 갖게 되었다. 소년은 라쇼드퐁이라는 시골 마을을 거의 벗어나지 못했지만, 그의 상상력만큼은 먼 세상을 향해 뻗어나갔다. 그는 산에서 자연을 관찰하고 감상했다. 숲과 나무, 아름다운 꽃과 지저귀는 새들은 그의 지적, 예술적 호기심을 충족시켜주었다. 그는 식물학과 지질학을 공부하는 대신 자연과 대지를 익혔다. 운해를 내려다보며 끝없이 펼쳐진 바다를 상상했고, 곧게 뻗은 나무로부터 폭풍우에도 무너지지 않는 견고한 구조를 배웠다. 소년은 스케치북을 들고 다니며 자신이 보고 배운 것을 그렸다. 그는 미술학교에 다니기 훨씬 이전부터 예술가에게 필요한 지식과 소양을 습득하고 있었다.

에두아르는 본래 실업학교를 다녔다. 하지만 입학 후 학교는 대학 진학을 위한 김나지움으로 바뀌었다. 이는 에두아르에게 심각한 문제는 아니었다. 어쨌든 그는 실업계에 속해 있었고, 시계 산업과 실용성으로 무장한 이 도시에서 대학 진학은 크게 중요하지 않았다. 오히려 문제는 그가 미술교육을 받기 시작하면서 발생했다. 학교 수업을 소홀히 하게 된 것이다. 그는 방과 후에 지역 미술학교에서 그림을 배웠는데, 열세 살 나이에 이런 이중의 학업은 쉽지 않았을 것이다. 사춘기 소년은 조금씩 말썽을 부리기 시작했다. 그의 생활기록부를 보면 떠들거나 불량한 태도로 수업을 방해했다는 내용이 심심치 않게 등장한다. 미래의 건축가는 선생님들에게 그저 뛰어난 알베르의 산만한 동생으로 기억되었다. 학업성적 역시 곤두박질쳤다. 그는 더 이상 성적으로 부모를 기쁘게 하는 학생이 아니었다.

이런 상황에서 에두아르는 자연스럽게 미술학교로 적을 옮겼다. 소년은 자신만의 방식으로 일찌감치 진로를 확정 지었다. 그는 졸업을 약 2년 앞둔 1902년 3월, 다니던 학교를 그만두었다. 음악을 선택한 형처럼 미술학교 진학을 선택한 것이다. 같은 해 4월, 에두아르는 야간 수업을 받던 지역 미술학교의 전일제 학생이 되었다. 비슷한 시기에 알베르는 베를린음악원에서 입학 허가를 받고 라쇼드퐁을 떠났다. 재능 많은 두 형제는 동시에 새 출발을 하게 되었다. 한 명은 시계계곡을 떠났고, 다른 하나는 시계 산업에 뛰어들었다.

학업을 소홀히 한 것은 분명 사춘기 소년의 일탈이지만 아주 실용적인 선택이기도 했다. 에두아르는 아버지처럼 시계 장식가가 되고자 했다. 실용주의자에게 이중의 학업은 큰 의미가 없었다. 아버지의 발자취를 따르는 일이었기에 주변 설득도 특별히 어렵지 않았다. 그에게는 충분한 재능이 있었고, 시계 관련 직업이 즐비한 시계

라쇼드퐁 인근 뇌샤텔의 자연 풍경

20대가 될 때까지 에두아르는 라쇼드퐁을 벗어나지 못했지만 인근의 대자연을 경험하면서 시계계곡 너머의 세계에 대한 상상을 키워갔다. 아마추어 등산가였던 아버지는 주말마다 두 아들과 함께 산에 오르는 것을 좋아했고, 스승인 레플라트니에 역시 학생들과 숲에서 자연을 연구했다. 그렇게 익힌 자연과 대지는 훗날 르코르뷔지에의 예술적 자양분이 되었다.

계곡에서 이를 반대하는 것이 더 이상했다. 소년은 시계 장식과 세공을 본격적으로 공부하기 시작했다.

라쇼드퐁미술학교는 단순히 그림을 가르치는 곳이 아니었다. 이 학교는 시계 장인으로 구성된 지역공동체가 세웠다. '산업을 위한 응용미술학교'라는 이름은 설립 목적을 그대로 보여준다. 시계공들은 지역 경제에 기여할 장인을 길러내고자 했고, 학교 운영비와 학비 일체를 부담했다. 그들은 학교 운영과 행정, 커리큘럼에까지 개입했다. 그만큼 실용성이 강조되었다. 에두아르는 방과 후 과정에서 기초 드로잉, 원근법, 조소 같은 기초적인 수업을 들었지만, 전일제 학생이 되면서부터는 값비싼 재료에 조각칼을 대야 했다. 라쇼드퐁에서 시계 장식과 세공은 부차적인 문제가 아니었다. 거기에는 시계공 개인뿐만 아니라 도시 전체의 생존이 달려 있었다.

장식은 말 그대로 장식일 뿐이다. 그것은 시계의 본질과 큰 상관이 없다. 정확하고 튼튼한 시계를 만드는 데 장식은 별다른 기여를 하지 못한다. 하지만 라쇼드퐁의 시계 장인들은 시계 제조 기술이 아니라 장식을 가르치는 학교를 세웠다. 정교하고 아름다운 시계를 만들기 위해서였다. 사실 이는 선택의 문제가 아니었다. 대량생산 체제를 갖춘 독일과 프랑스의 물량 공세가 시작되었기 때문이다. 게다가 손목시계의 등장으로 위기감은 더욱 고조되었다. 1899년에 일어난 보어전쟁에서 영국군은 회중시계가 아닌 손목시계를 찼다. 곧이어 각국 군대에서 손목시계 착용이 의무화되었다. 시계 시장은 요동치고 있었다. 라쇼드퐁 수공업자들은 고급화 전략을 선택했다. 그들의 회중시계는 더욱 정교하고, 튼튼하고, 무엇보다 아름다워야 했다. 사실상 이것이 개별 수공업자가 근대의 대량생산 체제에 맞설 수 있는 유일한 수단이었다. 그들은 산업화에 저항하면서 기계를 장식하는 모순된 작업을 했다.

시계 장식은 생존을 위한 것이었지만 사실 아름다움을 추구하는 것은 인간의 본성이다. 라쇼드퐁의 장인보다 훨씬 척박한 환경에 있었던 원시인도 자기 도구를 장식하지 않았는가. 청동 검이나 청동 거울 같은 고대 유물뿐만 아니라 심지어 뗀석기과 뼛조각에서도 장식은 발견된다. 오스트리아의 미술사학자 알로이스 리글이 말한 '예술의욕Kunstwollen'이라는 것은 시대와 지역에 따라 늘 작동한다. 우리는 효율성과 경제성을 중시하지만 단 한 번도 아름다움을 포기한 적이 없다.

매끄러운 거울을 만들면서 테두리를 장식하고, 칼을 제작하면서 아름다운 형태를 추구하는 인간 본성은 대량생산 시대에도 변하지 않았다. 빅토리아시대 영국 수공업자들의 주장을 떠올려보면 산업혁명이 오히려 장식의 가치를 새롭게 발굴한 측면도 있는 것 같다. 윌리엄 모리스를 필두로 한 수공업자들은 컨베이어 벨트 앞에서 하는 반복적인 노동보다, 개인이 창의성을 발휘해 제품을 꾸미고 장식하는 일이 훨씬 즐겁고 가치 있다고 주장했다. 인간이 기계화되어가던 시절, 그들은 예술에서 노동의 즐거움을 찾았다. 장식은 유용한 사물을 만들면서도 사람을 즐겁게 하는 최상의 예술 활동이라는 것이다. 모든 것이 기계화되고, 노동이 잔혹한 고역이 되어가는 상황에서 장식은 창조 활동의 즐거움을 일깨웠다.

하지만 이것이 사실이라고 해도 산속 시계 마을에 고립된 채 조각칼을 손에 쥔 소년과는 아무 상관이 없는 일이었다. 반항심 가득한 다혈질 소년은 시계 케이스 앞에서의 노동에 오히려 싫증을 느끼기 시작했다. 그에게 시계 장식은 고루하고 불필요한 일로만 보였다. 가업을 잇겠다는 결심은 아버지의 직업이 낡았다고 느끼는 순간 모두 사라져버렸다. 하지만 학비를 보조받는 전문 과정 학생은 학교와 4년 계약이 되어 있었다. 그는 탈주의 순간을 기대하며 묵묵히 학업을 이어갔다. 고전적인 장식미술과 기능적인 건축이 대립하던 시기, 새로이 건축에 투신하게 될 젊은 건축가의 기반은 그의 인내심 속에서 서서히 형성되고 있었다.

건축가의 길

라쇼드퐁은 위대한 건축가를 낳았지만 그를 길러내기에 좋은 환경은 아니었다. 시계 장인들이 세운 미술학교에서 건축을 공부하는 것은 거의 불가능했다. 학위나 자격증 때문만은 아니었다. 자격증 없는 건축가는 당시에도 많았다. 르코르뷔지에가 도제식 수업을 받은 오귀스트 페레나 페터 베렌스 같은 유명 건축가도 자격증이 없기는 마찬가지였다. 심지어 아돌프 로스 같은 이는 자격증에 목숨 거는 젊은 세대를 강하게 비난하기도 했다. 그들에게 건축은 예술이었고, 자격증 따위는 그리 중요치 않았다. 하지만 시대가 변하고 있었다. 에두아르의 시대에 건축은 그저 아름다운 건물을 짓는 예술이 아니었다. 그것은 도시와 환경, 사회, 정치, 경제 등의 문제와 밀접하게 연결되어 있었다. 급속도로 발전하는 건축 재료와 구조에 대한 이해도 필수적이었다. 구스타브 에펠 같은 엔지니어가 새로운 재료와 구조로 아름다운 건물을 세우고 도시 모습을 변화시키던 시절이었다. 건축은 예술의 경계를 벗어나 새로운 산업과 결합했고, 점차 고유의 영역을 형성해가고 있었다.

고대 로마의 건축가 비트루비우스는 건축은 튼튼하고, 편리하고, 아름다워야 한다고 강조했다. 하지만 새로운 산업 재료와 구조 기술의 등장은 이 당연한 요구를 훨씬 복잡하게 만들었다. 견고함 firmitas, 편리함utilitas, 아름다움venustas이라는 세 요소 사이의 균형이 흔들리게 된 것이다. 산업사회가 도래하면서 건축은 점차 기술의 산물이 되어갔다. 기술과 예술의 분리도 피할 수 없는 현실이 되었다. 건축 구조와 재료, 건설 기법은 지난 100년간 놀라운 속도로 발전했고, 이에 대한 교육은 필수적이었다. 하지만 라쇼드퐁에서는 공학은커녕 디자인조차 제대로 배울 수 없었다.

에두아르는 고향 사람들 못지않게 건축에 무지했다. 어느 날 스승에게서 느닷없이 건축을 하라는 조언을 듣게 되었을 때, 소년은 당황하지 않을 수 없었다. 그는 스승에게 거칠게 대들었다. 마침 그는 시계 장식에 싫증을 느끼고 있었지만 한 번도 들어본 적 없는 건축을 업으로 삼는 것은 전혀 다른 문제였다. 당시 그는 수채화에 취미를 붙이고 있었고, 화가가 되고 싶어 했다. 그에게 건축의 길을 제안한 이는 미술학교 교사인 샤를 레플라트니에였다.

레플라트니에는 뇌샤텔 출신으로, 부다페스트와 파리에서 장식 미술을 공부하고 1898년부터 라쇼드퐁에서 교편을 잡았다. 그는 에두아르가 입학한 후 학교 교장이 되었다. 젊은 교장은 라쇼드퐁의 미술 부흥을 꿈꾸며 능력 있는 장식미술가를 길러내기 위해 교과과정 개편에 착수했다. 재능 있는 예술가를 양성해 지역 미술의 기틀을 다지고자 했던 것이다. 이는 에두아르에게 좋은 기회가 되었다. 레플라트니에는 세공이나 에나멜 칠 같은 기술이 아니라 예술을 가르쳤다. 창조성과 예술적 감성을 강조했고, 자연을 관찰하고 그것을 표현하기 위한 훈련을 강조했다. 훗날 르코르뷔지에는 레플라트니에의 가르침을 이렇게 회상했다.

> 내 스승은 뛰어난 교육자이자 진정한 숲의 사람으로, 우리를 숲의 인간으로 만드셨다. 나는 동무들과 함께 숲속에서 어린 시절을 보냈다. (⋯) 선생님은 '단지 자연만이 우리에게 영감을 줄 수 있고, 진실할 수 있으며, 인간 작품의 지주가 될 수 있다. 그러나 겉모습만을 보여주는 풍경화가들처럼 자연을 그리지 마라. 그것의 원인을, 형태를, 생기 넘치는 발육을 유심히 살피고 장식들을 창안하면서 그것들을 종합하라'고 말씀하셨다. 선생님은 자신이 소우주의 일종으로 본 장식에 대한 고상한 개념을 가지고 있었다.
> ─ 장 프티, 『르코르뷔지에 그 자신』, 25쪽

레플라트니에는 학생들을 숲으로 데려가 자연을 관찰하게 했다. 자연 형태를 연구하고, 그것을 장식 패턴으로 개발하기 위해서였다. 학생들은 눈에 보이는 세상이 아니라 그 너머의 원리에 집중했다. 자연을 관찰하고 그것을 추상화해 작품을 만들면서 그들은 점

르코르뷔지에의 스승 샤를 레플라트니에

장식미술가이자 미술학교 교사였던 레플라트니에는 에두아르를 건축의 길로 이끌었다. 그는 사춘기 소년이 평면 미술보다 공간 예술에 더 재능이 있음을 간파했고, 반발에도 불구하고 지체 없이 그를 건축 작업에 투입시켰다. 에두아르의 첫 건축물인 빌라 팔레는 그렇게 탄생했다. 훗날 르코르뷔지에는 레플라트니에를 자신의 유일한 스승으로 인정했다.

차 능력 있는 장식미술가로 성장했다. 레플라트니에르는 시계 장식만이 아니라 건축, 회화, 조각, 보석 디자인 등에 골고루 활용될 수있는 보편적인 장식미술 교육을 중시했다. 이는 시계 산업에서 벗어나고자 했던 에두아르에게 중요한 돌파구가 되었다.

사실 에두아르의 당시 상황은 심각했다. 소년은 알 수 없는 이유로 왼쪽 눈 시력을 잃어가고 있었다. 그래서 화학약품을 다루는 에나멜 작업에서 제외되었고, 세공 작업도 줄여야 했다. 하지만 절묘한 시점에 만난 스승 덕분에 이는 시련이나 불행이 아닌 자연스러운 이행이 되었다. 레플라트니에는 제자를 장식미술의 세계로 안내했고, 건축의 길로 이끌었으며, 예술의 긴 여정 위에서 조언을 주고받는 일생의 동반자가 되어주었다. 에두아르는 훗날 오귀스트 페레와 페터 베렌스 같은 유명 건축가의 사무소에서 근무하게 되지만오직 레플라트니에만을 자신의 유일한 스승으로 인정했다.

자연에 헌정한 기념비, 빌라 팔레

사춘기 소년에게 느닷없이 건축가의 길을 제안한 레플라트니에는 제자를 곧장 건축 작업에 투입시켰다. 자기에게 들어온 주택 설계를 사춘기 소년에게 맡긴 것이다. 당시 에두아르의 나이는 열일곱 살이었다. 건축주는 당연히 난색을 표했다. 젊은 교사는 그를 직접 설득했다. 건축주 루이 팔레는 마침 미술학교 운영 위원이었다. 그는 레플라트니에의 제안이 마음에 들지 않았지만 재능 있는 학생에게 기회를 주기로 결심했다. 지역 건축가 르네 샤팔라스가 소년을 돕는다는 조건하에서였다. 물론 이 제안 역시 레플라트니에가 한 것이었다. 미술학교 교사는 쥐라 지역 고유의 스타일로 집을 짓는 샤팔라스의 건축을 좋아했다. 그는 자기 집을 그에게 맡겼고, 주변에 비슷한 주택이 몇 채 더 들어서 예술가 마을이 형성되기를 바랐다. 예술인 공동체를 꿈꾼 것이다. 그는 예술가들이 함께 모여 생활하고 교류하는 가운데, 쥐라 지역 고유의 양식이 형성되기를 바랐다. 시계 장식가였던 루이 팔레는 열정적인 교사의 첫 타깃이었다. 소년의 첫 건축 작품은 레플라트니에의 커다란 기획 속에서 탄생했다.

에두아르의 첫 주택은 라쇼드퐁 도심을 조금만 벗어나면 확인할 수 있다. 이 가옥은 남쪽을 향해 열린 완만한 경사지에 자리 잡고 있는데, 현대인의 눈에는 그냥 잘 지어진 시골집처럼 보인다. 우리가 알고 있는 르코르뷔지에 건축의 전형적인 특징이 전혀 드러나지 않는다는 말이다. 이 집에는 필로티도 옥상정원도 없다. 차라리 이 집은 스위스 전통 가옥에 훨씬 가까워 보인다. 훗날 그가 짓게 되는 현대적인 건물과 비교해보면 이러한 차이는 더욱 흥미롭게 느껴진다. 열일곱 살 소년은 스승에게 배운 그대로 지역 고유의 양식에 따라 건물을 지어놓았다. 그는 스승이 소개한 동시대 미술의 경향처럼 자연 형상을 연구하여 건축에 옮겨놓았다. 당시 예술가들은 자연 형태를 이용한 예술을 열정적으로 선보이고 있었다. 사람들은 이를 아르누보나 유겐트슈틸 같은 이름으로 불렀다. 예술이 자연을 모방하는 것은 특별하지 않지만 이 시기만큼은 '새로운 미술Art Nouveau' 이자 '젊은 양식Jugendstil'으로 받아들여졌다. 기계화와 산업화가 진행되면서 장식과 예술의 역할이 새롭게 인식되기 시작한 것이다. 그렇다고 이 집에서 10대 소년의 개성을 전혀 찾아볼 수 없는 것은 아니다. 그는 숲을 가득 메운 전나무 패턴을 이용해 주택을 장식했고, 건물의 골조와 창호에도 자신만의 개성을 담아놓았다.

모든 것이 낯설었지만 에두아르는 최선을 다해 건축에 임했다. 그는 학교에서 장식미술을 꾸준히 연마해왔고, 풍부한 아이디어를 지니고 있었다. 다만 그것의 현실화는 쉽지 않았다. 건축은 다른 예술과 달랐다. 공간의 형태와 기능에 대한 이해 없이 주택 디자인은 애초에 가능하지 않다. 게다가 구조가 안정되지 못한다면 건물은 그대로 무너지게 될 것이다. 이런 측면에서 샤팔라스의 도움은 중요했다. 그는 에두아르의 아이디어가 건축 도면으로 현실화되고, 실제 건물로 지어지는 과정을 점검해주었다. 학교 친구들도 건물 장식에 참여해 경험 없는 건축가를 도왔다. 하지만 어디까지나 공사 책임자는 에두아르였다. 그는 설계와 시공, 그리고 이보다 훨씬 골치 아픈 예산 문제와 씨름하며 묵묵히 책임을 완수했다.

에두아르는 빌라 팔레에서 많은 것을 배웠다. 건축은 이제껏 해온 작업들과 완전히 달랐다. 그는 건축자재에 대해 배웠고, 각 부재

쥐라의 전나무 숲

에두아르의 첫 건축물인 빌라 팔레는 당시 그가 받은 교육이 어떤 것이었는지 보여준다. 레플라트니에는 학생들과 지역 고유의 양식을 개발해 라쇼드퐁의 미술 부흥을 이끌고자 했다. 그는 학생들을 자연으로 데려가 그 원리를 탐구하게 했다. 에두아르는 스승을 따라 숲에서 자연을 연구했고, 자신이 본 것을 장식 패턴으로 개발했다. 전나무를 추상화한 장식 패턴은 그의 첫 주택인 빌라 팔레에 활용되었다.

의 고유한 특징을 활용할 수 있게 되었다. 자기 손이 아닌 인부의 손을 빌려 일하는 것에도 익숙해져야 했다. 특히 그는 '주택을 쇄신하고, 사라져버린 아름다운 수공예를 복구'하는 일에 집중했다. 라쇼드퐁미술학교 교사와 학생에게 이는 지상명령이었다. 레플라트니에는 제자들에게 다음의 내용을 누누이 강조했다.

> 이곳에 우리는 자연에 헌정된 기념비를 세울 것이다. 우리는 그것을 인생의 목적으로 삼을 것이다. 우리는 도시를 떠나 큰 나무 아래에서, 우리의 작품들로 천천히 세워나갈 건물 바로 밑에서 살 것이다. 대지 전체가 ─ 모든 동물군과 식물군이 ─ 거기에서 구현될 것이다.
>
> ─『오늘날의 장식예술』, 225쪽

레플라트니에와 제자들은 매주 산에 올라 이러한 미래를 준비했다. 에두아르는 1907년에 완공한 빌라 팔레에서 스승의 가르침을 충실히 이행했다. 산에서 본 전나무는 창틀과 지붕 차양, 외부 장식 등의 모티브가 되었다. 하늘을 향해 뻗어가는 나무의 생명력은 창과 벽의 장식 문양으로 형상화되었다. 이렇게 빌라 팔레는 "자연에 헌정한 기념비"가 되었다. 쥐라 지역에 살았고 그 자연을 익힌 재능 있는 소년의 손을 통해 스승의 기대는 현실이 되어갔다.

에두아르는 자연을 있는 그대로 모방하는 대신 그 원리를 탐구하여 장식 패턴을 개발했다. 이는 쥐라 지역 고유의 양식을 만들고자 했던 스승의 가르침이자, 그들의 교재였던 오웬 존스의『장식의 문법』속 핵심 내용이기도 했다. 이 책은 당시 거의 모든 예술가들의 필독서였다. 존스는 "아름다움이 나무의 성장 법칙에서 자연스럽게 나타난다"라고 믿었고, 나무의 구조와 형태, 비례 등을 연구했다. 자연에서 건축 형태와 장식 모티브를 얻어내려 한 것이다. 에두아르는 이러한 가르침을 따라 전나무 숲 같은 생명체를 반복해서 그렸다. 불필요한 부분을 제거해가면서 그림을 반복하는 동안 자연 형상은 점차 단순해졌고, 결국 추상적인 문양만 남게 되었다. 에두아르는 빌라 팔레 곳곳에 이런 기하학 형태를 남겨놓았다. 미래의 기능주의 건축가는 어려서부터 단순 명쾌한 형태를 추구했다.

어느 예술가나 그렇듯이 르코르뷔지에는 자신의 첫 번째 주택을 두고두고 굉장히 부끄러워했고 훗날 작품집에서도 제외했다. 하지만 빌라 팔레는 에두아르를 건축의 길로 이끄는 징검다리가 되어주었다. 소년은 기술자나 장인이 아닌 장식미술가로서 건축에 뛰어들었고, 시계보다 훨씬 규모가 큰 건축이라는 예술에서도 역량을 발휘했다. 실용적이면서 아름다운 사물을 추구하는 당시의 시대 분위기 속에서, 어린 장식미술가는 그렇게 건축가의 길을 걷게 되었다.

미래를 위한 여행

르네상스의 중심에서

피렌체는 르코르뷔지에 인생에서 크게 주목받지 못하는 도시다. 그는 1907년 9월 중순부터 한 달가량 이곳을 여행했다. 이후 기회가 있을 때마다 이 도시에 들렀지만 그의 방랑벽 탓에 이 르네상스의 중심지는 그저 스쳐 지나간 도시 중 하나로 평가되었다. 어쩌면 도시의 유명세와 너무 많은 볼거리가 과소평가의 원인이 되었을지도 모른다.

이제 막 건축을 시작한 스무 살짜리 청년이 이 도시를 찾은 것은 자연스러운 일이었다. 그는 여느 건축가처럼 피렌체에서 건축의 역사를 배우고, 이를 자양분으로 삼아야 했다. 하지만 무지한 시골 청년에게 제대로 된 건축 공부는 가능하지 않았다. 그는 피렌체대성당의 돔이 브루넬레스키의 첫 건축 작품이라는 사실도, 알베르티가 고대 로마를 재해석해 탄생시킨 산타마리아노벨라성당 파사드의 건축사적 의미도 전혀 알지 못했다. 두 건축가는 수학 원리에 기초한 아름다움을 성당에 구현했고, 이는 르네상스 건축 전체에 큰 영향을 주었다. 르네상스인들은 비례, 균제, 대칭 같은 용어를 빈번히 사용했는데, 훗날 르코르뷔지에 역시 이에 영향을 받게 된다. 그는 건물 전체의 조화를 유지하기 위해 '조정선tracés régulateurs'이라는 개념을 도입했고, 아름답고 편리한 수학적 비례를 확립하기 위해 고안한 척도인 '모뒬로르Modulor' 시스템을 개발하기도 했다. 하지만 스무 살 청년에게 눈앞의 도시 풍경은 그저 낯설기만 했다.

얼마 전까지 에두아르는 숲에서 전나무를 관찰하고 장식미술을 공부했다. 레플라트니에의 제자들은 모두 '고딕 부흥'이라는 19세기의 낭만적 관념에 사로잡혀 있었다. 라쇼드퐁에서 열심히 읽은 존 러스킨의 책 내용도 크게 다르지 않았다. 러스킨은 고딕 성당을 선호했고, "예술가라면 누구나 온 정성을 다해 자연에 다가가야 한다"라고 주장했다. 르네상스 미술은 달랐다. 르네상스인은 자연만이 아니라 고대 그리스·로마를 모델로 삼았다. 예술은 또 하나의 모델을 갖게 되었지만 에두아르는 이를 받아들이지 못했다. 반항심 가득한 청년은 르네상스의 중심지를 마음에 들어하지 않았다. 그는 예술의 역사를 잘 몰랐고, 이 도시에서 부활한 그리스·로마 양식이 훗날 자기 예술의 근간이 될 것임은 더더욱 몰랐다. 피렌체 전체에 너무 많은 유적과 유물이 있었지만 불행히도 그는 무엇을 보아야 할지 전혀 분간하지 못했다. 그럼에도 그는 이 여행의 중요성을 본능적으로 감지하고 있었다. 이 여행은 그가 건축가로서뿐만 아니라 가족의 울타리에서 벗어나 성인으로 홀로 서는 계기가 될 것이었다.

르네상스 문명의 중심지 피렌체

에두아르는 빌라 팔레를 설계해서 번 돈으로 1907년 9월부터 두 달 반가량 스위스와 이탈리아 각 도시를 여행했다. 이제 막 건축을 시작한 스무 살의 청년에게 이 여행은 건축가로서뿐만 아니라 가족의 울타리를 벗어나 홀로 서는 계기가 되었다. 오직 자연만을 보고 자란 청년은 피렌체에서 처음으로 그리스·로마 양식과 마주했지만 당시 그는 이를 공부할 준비가 되어 있지 않았다. 다만 이 여행의 중요성을 본능적으로 감지하고 있었다. 그는 부지런히 발품을 팔며 도시의 모든 것을 그리고 관찰했다.

사실 에두아르의 여행은 가족의 지지를 받지 못했다. 가계가 급격히 어려워진 탓이다. 시계 장식은 사양산업이었다. 에두아르는 일찌감치 그 길을 포기했지만 집안은 여전히 시계 산업에 종속되어 있었다. 형 알베르의 상황도 만만치 않게 나빴다. 스트레스 탓인지 손가락에 문제가 생긴 그는 베를린 생활을 접어야 했다. 그럼에도 그는 악기 값을 갚기 위해 연습과 연주, 교습을 멈추지 못했다. 집안에 이런저런 어려움이 닥쳤지만 에두아르만은 예외였다. 더 정확히 표현하자면 그는 집안 문제에 별 관심이 없었다. 그는 자신의 진로를 찾았고, 장식과 건축 작업으로 나이에 비해 적지 않은 수입을 올렸다. 아버지의 표현대로 그에게는 "한 방이 있었다". 아버지는 아들의 진로 선택이 잘된 것인지, 형처럼 어려움을 겪지는 않을지 노심초사했지만 에두아르는 그저 춤과 파티, 여자 친구에 빠져 지냈다. 가족에 대한 책임감은 에두아르의 몫이 아니었다. 철없고 반항심 가득한 아들은 자신의 미래를 위한 여행을 준비했다. 건축을 계속하기 위해서는 많은 것을 보고 익혀야 했다. 그는 빌라 팔레 설계로 번 돈을 몽땅 들고 기차에 올랐다. 그의 가족은 작은아들을 앞으로 몇 년간 보지 못하리라는 사실을 어렵지 않게 짐작했다.

순수한 눈

에두아르는 피렌체 입성 전 스위스와 이탈리아의 각 도시를 구경했다. 그는 철과 유리로 된 거대한 밀라노역에서 현대건축의 변화를 목격했다. 피사에서는 옛 성당의 아름다움에 매혹되기도 했다. 그는 배낭에 들어 있는 이폴리트 텐의 『이탈리아 기행』을 따라 피사 두오모광장에 갔지만 그와는 전혀 다른 데서 감동을 느꼈다. 텐은 성당 파사드의 흰 대리석에 찬사를 보낸 반면, 에두아르는 시시각각 변하는 해 질 녘 성당의 모습에 강한 인상을 받았다. 피사에서 그는 마치 인상주의 화가가 된 듯 오렌지색과 연보랏빛으로 물든 하늘 아래 다채로운 색을 드러내는 성당의 모습에 매료되었다. 저녁 무렵 고색창연한 성당 파사드에서 너무나 아름다운 노란색과 아이보리색, 군청색이 뿜어져 나오는 것을 경험했다. 조금 지나자 성당은 분홍빛으로 물들었고, 오래된 대리석들은 갈색과 푸른색이 뒤섞인 조화로운 빛을 뿜어냈다. 그는 한없는 평안을 느꼈다.

에두아르는 무언가에 홀린 듯 다음 날에도 광장 근처로 발걸음을 옮겼다. 그는 하루 종일 성당 계단에 앉아 빛이 만들어내는 색채의 향연과 그림자의 움직임을 감상했고, 성당 구석구석을 그리고 또 그렸다. 이는 오늘날 롱샹에 있는 '노트르담뒤오성당Notre-Dame du Haut, Ronchamp'에서 시간을 보내는 우리의 모습을 연상시킨다. 그는 피사에서 맛본 건축의 환희를 훗날 롱샹이라는 시골 마을 높은 언덕 위에 그대로 구현해놓았다. 빛이 만들어내는 찬란한 색채와 그림자의 운동은 그를 대표하는 조형 언어가 되었다. 에두아르는 이를 피사에서 처음 마주했고, 얼마 뒤 시에나에서, 그리고 28년 뒤 뉴욕 허드슨강에서 반복적으로 경험하게 된다.

에두아르는 피렌체의 산타크로체성당을 마음에 들어했다. 사실 이 건물은 구조적으로 딱히 내세울 것이 없다. 이곳은 볼트형 아치가 없어 러스킨이 마치 농장 헛간 같다고 비난한 장소였다. 하지만 에두아르는 성당 내부 구조를 열심히 스케치했다. 공교롭게도 이는 그가 피렌체에서 유일하게 관심을 둔 건축 구조였다. 스무 살 청년의 감각은 색채와 장식에만 제대로 반응했다. 피렌체에서 그는 모든 것을 배우고 익히려 했지만 다른 무엇보다 중요한 건축 구조만은 예외였다. 그는 불행히도 공간과 구조를 중시하는 현대건축의 경향을 전혀 이해하지 못하고 있었다. 하지만 장식과 색채, 프레스코, 조각 등에 관심을 두면서 종합예술인 건축의 본질에 다가섰다.

에두아르는 다양한 예술 분야에 관심을 가지고 있었다. 건축은 그런 그에게 적합한 예술임이 분명했다. 그것은 공간과 구조뿐 아니라 조각, 장식, 프레스코 같은 다양한 예술과 모두 관련이 있었다. 에두아르의 공부 방식은 분명 효율적이지 못했다. 경험 없는 건축가는 회화나 부조, 장식, 프레스코 같은 2차원 예술을 좋아했고, 이를 공부함으로써 건축을 익힐 수 있을 것이라 착각했다. 그는 벽의 부조나 색채 효과 등에 관심을 두고 건축을 자신만의 방식으로 이해하려 노력했다. 다행히 그는 자신의 방황이 헛되지 않았음을 확인했다. 피렌체 곳곳의 예술은 모두 건축과 어떻게든 연결되어 있었다. 건축의 본질을 회화에서 발견해야 한다는 그의 엉뚱한 믿음은 여기서 시작되었다. 그는 건축 장식뿐만 아니라 그 조형 원리 역시 회화를 통해 찾아냈다. 그는 평생 그림을 그렸고, 결국 위대한 건축가가 되었다.

에두아르는 시에나에 다녀온 일주일가량을 제외하고, 3주 이상 피렌체에 머물렀다. 그는 이 도시에 볼 만한 건축이 없다고 투덜댔

피렌체의 산타크로체성당 내부

에두아르는 르네상스 건축을 잘 알지 못했고, 그것을 공부할 준비도 되어 있지 않았다. 그는 산타크로체성당에서 처음 건축 구조에 관심을 보였는데, 사실 이 건물은 볼트형 아치 대신 트러스 구조가 사용되어 공간 표현이 풍부하지 않다. 에두아르는 건축 공간보다 피렌체 곳곳의 장식과 조각, 프레스코에 더 관심을 보였고, 이를 찾아다니며 자신만의 방식으로 건축을 익혔다.

지만 식사를 거르며 도시 곳곳을 다녔고, 부지런히 그림을 그렸다. 그는 확실히 미술에 재능이 있었다. 그의 작은 수첩에는 관심 있게 지켜본 모든 장면이 생생히 담겼다. 그는 대상을 주의 깊게 관찰하고, 놀랍도록 정교한 손길로 세부 묘사와 채색을 진행했다.

에두아르의 수첩에 담긴 스케치와 메모는 오늘날 훌륭한 여행 기록이 된다. 그림 속 장소를 찾는 동안 자연스럽게 그의 발자취를 되짚어볼 수 있기 때문이다. 젊은 청년이 피렌체에 자신의 흔적을 전혀 남겨놓지 못했음에도 수첩은 그의 건축 수련 방식을 이해하는 중요한 실마리가 된다. 수첩에는 산타마리아노벨라성당과 베키오궁, 산타크로체성당과 오르산미켈레성당의 구석구석이 그려져 있는데, 이는 여느 사진 기록 이상으로 그의 관심사를 잘 보여준다. 화가가 그림을 그릴 때 자신의 관심사를 강조하는 것은 당연한 일이 아닌가. 피렌체의 격언처럼 모든 화가는 자기 자신을 그린다.

에두아르의 수첩은 갓 스무 살이 된 청년의 '순수한 눈'을 통해 피렌체 예술을 볼 수 있게 한다. 그는 자신이 잘 아는 것에서부터 건축을 이해하려는 당연하면서 미련한 선택을 했고, 이로써 피렌체는 그가 '건축을 향하여' 나아가는 징검다리가 되어주었다. 주말마다 산에 올라 자연을 관찰하던 소년은 이 도시에서 자연에서 문명으로, 그리고 고딕에서 그리스·로마 양식으로 관심의 도약을 준비하고 있었다.

1907년 9월 15일, 에두아르는 산마르코수도원을 찾았다. 아침 일찍 메디치가 예배당에서 초기 르네상스 화가 베노초 고촐리의 프레스코를 감상한 그는 서둘러 발길을 옮겼다. 프라 안젤리코의 그림을 조금이라도 빨리 보고 싶었기 때문이다. 프라 안젤리코는 코지모 데 메디치의 요청으로 1436년부터 1445년까지 산마르코수도원에 머물며 곳곳에 벽화를 그렸다. 에두아르는 이 수도사의 그림을 아카데미아미술관에서 처음 접했다. 그는 500년이나 된 그림을 '미래의 예술'이라 칭송했고, 가톨릭 수사의 삶과 예술을 직접 확인하고자 수도원 방문을 마음먹었다.

산마르코수도원은 한때 피렌체에서 신정 통치를 펼쳤던 지롤라모 사보나롤라가 시무한 역사적인 장소였지만 에두아르는 〈수태고지〉를 비롯한 프라 안젤리코의 작품에만 관심을 보였다. 그는 수도원을 거닐며 문득 '이런 곳에서 살고 싶다'는 생각을 했다. 거장의 프레스코 때문이었는지, 아니면 비바람이 새어드는 여행지의 싸구려 숙소 때문이었는지 그의 눈에는 좁디좁은 수도실조차 매력적으로 보였다. 그는 작고 검박하지만 모든 생활의 필요를 채워주는 수도원 공간에 매료되었다.

산마르코수도원을 나선 그는 곧장 피렌체 외곽에 있는 에마수도원으로 발걸음을 옮겼다. 갈루초에 있는 이 카르투시오회의 수도원은 당시에도 그리 잘 알려진 곳은 아니었다. 한때 화려했던 수도원은 나폴레옹 군대의 약탈 이후 세가 완전히 기울어 겨우 열다섯 명

갈루초에 있는 에마 수도원

이 카르투시오회 수도원은 피렌체 외곽의 작은 언덕에 자리잡고 있다. 에두아르는 언덕에 왕
관을 씌운 듯 고귀한 자태를 드러내는 이 수도원을 보고 깊은 감명을 받았다. 수사들이 공동
생활을 영위하는 이곳에서 그는 자신의 "인생의 향방이 결정되는" 순간을 경험했고, 일생 수
도원 건축을 도시 공간으로 옮겨오기 위해 노력했다.

남짓한 수도사만이 자리를 지키고 있었다. 하지만 에마수도원은 러스킨이 『피렌체의 아침』에서 적극적으로 추천한 장소였다. 러스킨은 피렌체 여행 첫날 저녁을 갈루초에서 보낸다면 이탈리아의 낭만을 알게 될 것이라 호언장담했다. 그는 석양이 지는 가운데 펼쳐지는 수도원 생활과 아름답게 날아다니는 반딧불이의 모습에 경탄을 보냈다. 에두아르는 러스킨의 조언대로 수도원을 찾아 오후 시간을 보냈다. 아쿠토 언덕에 위치한 수도원은 환상적인 전망을 자랑하고 있었다. 젊은 건축학도는 수도원 공간과 풍경에 완전히 매료되었다. 먼 훗날 그는 수도원에서의 잊지 못할 경험을 다음과 같이 묘사했다.

> 나는 토스카나의 음악 같은 풍경 속에서, 언덕에 왕관을 씌운 듯한 '현대 도시'를 보게 되었다. 풍경 속 고귀한 자태, 연속적인 왕관 모양 수도실들, 평원이 내려다보이는 각 방의 전망, 그리고 낮은 담으로 둘러싸인 정원을 향해 흘러내리는 경사지. 나는 그토록 환희에 찬 거주지의 모습을 본 적이 없다. 각 수도실 뒤로 문이 나 있고, 그것들은 순환 통로, 즉 아치로 이어진 회랑과 연결된다. 기도, 손님 접대, 저녁 식사, 장례식 같은 공동체의 모든 기능이 여기에 집약되어 있다. 이 '현대 도시'는 15세기에 지어졌다. 그 찬란한 모습은 항상 나와 함께했다.
>
> ─『프레시지옹』, 91쪽

러스킨의 칭송은 빈말이 아니었다. 에두아르는 러스킨처럼 반딧불이에게서 낭만을 찾지는 않았다. 프라 안젤리코의 그림을 보러 다녔듯이 이곳에 그려진 야코포 다 폰토르모의 프레스코에 정신을 팔지도 않았다. 그는 여행 시작 후 처음으로 건축에 오롯이 집중했다. 수도원 건축은 언덕을 배경으로 마치 왕관처럼 솟아 있었다. 리듬감 있게 위로 솟은 수도실은 아름다웠고, 작지만 기능적이었다. 불필요한 것이라고는 하나도 없는 그 공간은 기도와 묵상과 안식에 최적화되어 있었다. 사실 어느 수도원이나 마찬가지이지만 수도사의 방에는 침대와 책상 외에 아무것도 없다. 하지만 이조차도 가지지 못한 젊은 청년에게 간결한 공간이 주는 편의와 사생활 보호는 더없이 소중했다. 게다가 창밖으로는 낭만적 풍경이 펼쳐지고 있었다. 언덕 아래 풍경은 고시원만 한 수도실을 끝없이 확장시켜주었다.

에두아르는 수도원의 기능적 구성에도 감동을 받았다. 수도사들의 사적 공간은 수도원의 공용 공간과 분리되면서도 유기적으로 연결되었다. 덕분에 수도사들은 새벽부터 밤까지 이어지는 미사와 노동에도 불구하고 개인의 자유를 누릴 수 있었다. 아치로 덮인 회랑은 구분된 두 영역을 이어주었고, 장소를 이동하는 동안 다양한 풍경과 아름다운 정원을 감상할 수 있게 했다. 에두아르는 수도원 이곳저곳을 거닐며 마치 천국에 온 듯한 느낌을 받았다. 수도원에서는 모든 것이 축복받은 듯했다. 그 감동은 그가 수도사의 길을 선택하지 않은 것이 이상할 정도로 컸다. 산마르코수도원에서 지나칠 만큼 종교에 무심했던 에두아르의 태도는 이곳에서도 변하지 않았다. 그는 오직 건축에 대한 열망으로 가득 차 있었다. 수도원 건축은 세속적인 결과로 나타났다.

에두아르는 1950년대 마르세유에 '위니테 다비타시옹Unité d'Habitation'이라는 아파트를 세우면서 이 수도원을 모델로 삼았다. 그가 "현대 도시"라 부른 에마수도원은 건축이 어떻게 삶의 문제를 해결할 수 있는지 보여주었다. 개인의 자유와 사회생활의 조화, 합리적이고 기능적인 공간과 구조, 아름다운 풍경과 효율적인 동선 등 수도원의 모든 요소들이 훗날 마르세유의 집합 주거 건물에 담겼다. 수도원은 일생 건축가의 이상적인 모델로 자리 잡았다. 그는 갈루초에서 처음으로 인간의 삶을 건축의 형태로 구현하기 위한 고민을 시작했다. 아름다움과 장식뿐만 아니라 건축의 효용에 대해 사유하면서 그는 비로소 건축가로 거듭나게 되었다. 갓 스무 살이 된 청년은 그렇게 건축가의 길을 걷게 되었다.

새로운 예술을 찾아서

현대 예술의 중심 빈에서

'벨 에포크belle époque'라 불리던 시절, 오스트리아 빈은 낭만으로
가득 차 있었다. 아름답게 치장한 건물이 곳곳에 들어섰고, 화려하
게 차려입은 시민들이 거리를 누볐다. 하이든, 모차르트, 슈베르트
의 음악을 연주하던 극장은 슈트라우스와 말러의 차지가 되었다.
도시에는 자유롭고 낭만적인 음악이 흘렀다. 음악은 귀족뿐만 아니
라 대중을 위해 연주되기 시작했다. 부르주아 지식인들은 카페에
모여 예술과 인생을 논했고, 다가올 전쟁과 정치적 혼란 따위는 아
랑곳하지 않은 채 아름다움과 쾌락에 집중했다. 그들은 말 그대로
'좋은 시절'을 보내고 있었다. 예술은 아름다웠고, 인생은 행복했으
며, 세상 모든 것이 낭만적으로 보였다.

이탈리아를 거쳐 빈에 도착한 에두아르는 가장 먼저 링슈트라세
를 찾았다. 그는 여느 관광객처럼 트램에 올라 큰길을 한 바퀴 돌았
다. 링슈트라세는 본래 도시를 둘러싼 옛 성벽 자리에 생성된 가로

빈 중심가를 둘러싼 링슈트라세

링슈트라세는 19세기 건축의 전시장 같은 곳이다. 원래 성벽이 있던 자리에 정치, 종교, 문화 시설이 새로 들어서면서 당시 내로라 하는 건축가들이 몰려들었고, 화려하고 다양한 도시 모습이 형성되었다. 하지만 에두아르는 이곳을 여행하면서 겉만 번지르르한 도시 모습에 실망을 느꼈다.

다. 19세기 중반까지 이 거리는 성벽 차지였다. 성벽은 한때 오스만 튀르크의 공격으로부터 도시를 지켜주었으나, 언제부터인가 도시 확장을 가로막는 장벽이 되어버렸다. 프란츠 요제프 1세는 도심 재개발을 추진하면서 가장 먼저 성벽을 허물었다. 거대한 통행로가 생겼고, 좁아터진 도심은 장벽 너머로 크게 확장되었다. 새로 건설된 도로 주변에는 정치, 종교, 문화 시설 건립이 계획되었고, 당시 내로라하는 건축가들이 모두 이 거리로 몰려들었다. 드레스덴에서 도망 나온 고트프리트 젬퍼가 화려한 바로크양식 건물을 속속 선보였고, 오토 바그너를 필두로 분리파 건축가들이 기세했다. 분리파 예술가들은 링슈트라세의 바로크풍 건축을 싫어했다. 그것이 건축과 고고학을 혼동하게 만들고, 도시를 과거로 회귀시킨다는 것이었다. 그들은 자유롭고 현대적인 건물을 지어 이에 저항했다. 덕분에 다양한 양식이 뒤섞인 링슈트라세만의 독특한 분위기가 형성되었다.

에두아르는 빈에서 분리파 활동을 직접 목격했다. 분리파는 다툼과 갈등으로 분열된 상태였지만 그들의 건축물만큼은 꿋꿋이 자리를 지키고 있었다. 또한 프란츠 요제프 1세의 즉위 60주년을 앞두고 대규모 전시가 준비되고 있었다. 이러한 분위기 때문만이 아니더라도 에두아르는 분리파, 유겐트슈틸, 아르누보 같은 여러 이름으로 불리던 동시대의 미술 운동을 잘 알고 있었다. 그에게는 레플라트니에라는 좋은 스승이 있었고, 그들은 라쇼드퐁에서 이미 이 활동에 참여하고 있었다. 뛰어난 스승과 재능 있는 제자는 장식미술을 통해 삶을 아름답게 만들고, '사팽Sapin'이라 불리는 지역 고유의 양식을 확립하고자 노력했다. 레플라트니에가 에두아르를 건축의 길로 이끈 것도 같은 이유에서였다. 예술을 삶에 접목하는 데 건축은 그 정점에 놓인다. 건축은 종합예술이기 때문이다. 장식이나 가구, 각종 공예품과 벽화 등은 모두 건축이라는 그릇에 담긴다.

에두아르는 장식미술을 공부하며 건축을 시작했고, 몇 달간의 여행 끝에 드디어 그 중심지에 입성했다. 이 도시에서는 예술 혁신이 일어나고 새로운 건축이 시도되고 있었다. 에두아르는 빈에서 많은 것을 보고 배울 수 있었다. 하지만 그는 알 수 없는 심경 변화를 겪었다. 반항심 가득한, 그리고 독특한 심미안을 가진 청년은 이 아름다운 도시의 모든 것이 마음에 들지 않았다.

빈을 대하는 에두아르의 태도는 너무 이상했다. 그는 링슈트라세를 오가면서도 건축 답사를 차일피일 미루었다. 새로 들어선 건물들은 그가 자주 드나들던 박물관과 공연장, 카페 사이에 있었다. 레플라트니에는 제자가 꼭 보아야 할 건물을 알려주며 편지로 그를 타일렀다. 하지만 게으른 청년은 거리가 멀다거나 건물 찾기가 어렵다는 등의 알 수 없는 변명을 해댔다. 쳄퍼부터 바그너에 이르는 동시대 건축가들의 작품이 집약된, 이 현대건축 전시장에서 에두아르는 엉뚱한 짓을 하고 있었다. 그는 몇 년 전 작고한 알로이스 리글의 제자라도 되는 양 박물관에서 이집트와 에트루리아 미술을 구경했다. 거기서 그는 옛 건물 장식이나 디테일을 스케치하며 온종일 시간을 보냈다. 쳄퍼의 화려한 건축양식과 바그너가 현대건축에 가져온 변화 따위는 그의 안중에 없었다. 특히 바그너는 새로운 산업 재료를 이용해 적절한 장식과 합리적인 구조를 선보임으로써 근대건축의 도래를 알리고 있었다. 레플라트니에는 제자를 채근했고, 에두아르는 마지못해 '우체국 저축은행'을 찾았다. 그는 바그너의 걸작 앞에서 "가스탱크 건설자나 구조 기술자 들이나 좋아할 만한 건축"이라는 말도 안 되는 평을 남겼다.

에두아르는 분리파 운동에 염증을 느낀 아돌프 로스가 『장식과 범죄』를 출간하기 훨씬 이전부터 이 도시를 혐오하고 있었다. 로스는 링슈트라세를 "현대판 포템킨"이라고 비난한 인물이었다. 1787년, 제정러시아의 황제 예카테리나 2세가 시찰에 나서자 총독인 그레고리 포템킨이 낙후된 크림반도의 모습을 감추기 위해 겉만 화려한 가짜 마을을 만들었던 것처럼 빈의 예술은 치장에만 치중하고 있었다. 에두아르는 로스의 텍스트를 읽기도 전에 장식의 시대가 이미 끝나가고 있음을, 그리고 예술의 본질에 대한 탐구 없이 어떠한 현실 문제도 해결되지 않을 것임을 직감했다. 그래서인지 그는 구스타프 클림트가 공들여 준비하고 있던 1908년의 쿤스트샤우 전시에 대해서도 분노를 느꼈다. 그가 보기에 이 예술가들은 단지 현대적이기 위해 유행만을 쫓는 "천치들"에 지나지 않았다. 정작 예술의 본질에는 관심도 없으면서 화려한 치장에만 목숨 거는 태도는 이 도시의 슬픈 현실을 그대로 보여주고 있었다. 젊은 청년은 회의에 빠져들었다. 히틀러가 미대 입시에 실패한 바로 그 시기에 이 도시는 또 한 명의 청년을 낙담시켰다.

사실 에두아르의 여행은 시작부터 삐걱거렸다. 그는 빈에 도착한 지 나흘이 되도록 숙소를 구하지 못했다. 설상가상으로 고향에서 부친 짐도 어디로인가 사라져버렸다. 그에게는 거할 곳도 입을

오토 바그너의 대표작인 우체국 저축은행 내부

빈의 분리파 건축가들은 자유롭고 현대적인 건물을 지어 링슈트라세의 바로크풍 건축에 대항했다. 오토 바그너는 실용적이고 간결한 양식을 내세워 건축의 변화를 주도했다. 그의 대표작 '우체국 저축은행'은 고전주의에서 모더니즘으로 넘어가는 시기의 이정표 같은 건축물로, 산업 재료의 현대적인 활용을 잘 보여준다. 그러나 에두아르는 분리파 건축을 좋아하지 않았고, 이 건물을 가리켜 "가스 탱크 건설자나 구조 기술자 들이나 좋아할 만한 건축"이라고 혹평했다.

옷도 없었다. 반면 거리는 화려하게 치장한 사람들로 넘쳐났다. 그들에게 입성은 다른 무엇보다 중요했다. 패션에 민감한 에두아르는 없는 돈을 쪼개어 근사한 옷을 사 입었다. 화려한 치장과 장식의 효용은 여기서 드러났다. 그는 분리파 건축가들의 틈바구니에 끼지 못했지만 마치 위대한 예술가라도 된 듯한 기분을 느꼈다. 패션에서만큼은 그들 사이에 취향 차가 존재하지 않는 듯했다. 그는 근사한 차림으로 거리를 누볐고, 주말이면 공연장을 찾았다.

겉만 번지르르한 이 도시에서 유일한 위안은 음악이었다. 에두아르는 말러와 리하르트 바그너의 음악에 푹 빠졌다. 그들의 음악에서는 오토 바그너의 건축이나 클림트의 회화에서는 찾아볼 수 없는 '깊이와 진실함'이 느껴졌다. 경제 사정 탓에 기나긴 바그너의 오페라를 서서 관람해야 했지만 에두아르는 기꺼이 고통을 감수했다. 그는 〈니벨룽겐의 반지〉 4부작을 모두 감상하면서, 바그너의 경이롭고 풍부한 상상력에 빠져들었다. 예술은 현실 고통을 해결하지 못하지만 그것을 잊게 하는 데 분명 효과가 있었다. 에두아르는 예술의 효능을 혐오하면서도 빈이라는 대도시와 같은 방식으로 예술을 소비했다.

본래 에두아르는 오토 바그너나 요제프 호프만 같은 빈의 유명 건축가 사무소에서 일을 배우려 했다. 하지만 빈 건축 답사에서 보인 이상한 태도는 구직 과정에서도 반복되었다. 그는 건축 사무소 방문을 차일피일 미루다 어느 주말 오후에 느닷없이 사무소 다섯 군데를 방문했다. 약속도 없이 건축가들을 찾아간 그는 당연히 아무도 만나지 못했다. 그가 정말 직장을 구하려 했는지 의심 가는 대목이다.

그렇다고 열정적인 청년이 마냥 허송세월만 보낸 것은 아니다. '순수한 눈'으로 이탈리아를 여행한 젊은 청년은 이곳 빈에서도 독특한 방식으로 예술을 공부했다. 그는 박물관과 미술관을 열심히 찾았고, 조각가 카를 슈테몰라크의 스튜디오에서 드로잉과 조소를 배웠다. 오후에는 집에 돌아와 고향에 지을 주택을 디자인했다. 밤에는 편지를 쓰거나 청춘사업에 몰두했다. 이런 시간표는 그를 평생 따라다녔다. 일생 그는 오전에 그림을 그렸고, 오후에 건축 작업을 했으며, 저녁에는 글을 썼다. 조각가 스튜디오에서 얻은 더 중요한 수확은 그가 '형태form'에 대한 감식안을 갖게 되었다는 점이다. 이는 모든 예술가에게 가장 중요한 덕목이다. 그는 건축이 장식이 아닌 형태에 대한 진지한 탐구라는 사실을 깨달았다. 그는 한평생 '햇살 아래 아름다운 형상'을 추구했다.

에두아르는 열일곱 살에 우연히 건축 작업을 시작했고 피렌체 인근 에마수도원에서 건축에 대한 진지한 꿈을 꾸게 되었다. 그는 이미 집을 한 채 지었고, 고향 사람들의 부탁으로 주택 두 채를 더 설계하고 있었다. 나이에 비해 경력이 적지 않았지만 제대로 된 건축가가 되기 위해서는 공부가 필요했다. 건축은 단순한 장식이나 조각, 회화와 완전히 달랐다. 구조나 재료, 시공법 같은 기술은 혼자 터득할 수 있는 것이 아니었다. 스무 살 남짓한 건축학도에게 이 경우 가장 좋은 선택은 대학 진학이었다. 부모님은 당연히 대학 입학을 기대했고, 빈의 건축학교는 나쁘지 않은 선택이었다. 하지만 에두아르는 진학에 관심이 없었다. 그는 부모의 기대와 다르게 학교

밖에서 자신만의 방식으로 건축과 미술을 공부하려 했다. 그는 실무를 익히며 건축을 배우고 싶어 했고, 어려운 독일어보다는 프랑스어 사용을 선호했다. 결국 그는 짐을 싸 파리로 향했다.

현대건축과 만나다

파리행은 조금 특이한 선택이었다. 장식미술 공부를 위해서는 빈에 머물거나 독일로 향하는 것이 유리했기 때문이다. 당시 장식미술의 중심은 독일로 넘어가 있었고, 레플라트니에는 제자에게 드레스덴행을 조언했다. 에두아르는 몇 년 뒤 모교의 지원으로 독일의 장식미술을 연구하게 되는데, 보고서를 보면 그 역시 이러한 사실을 알고 있었다. 하지만 진로를 선택하면서 그의 반항심이 다시 한 번 작용했다. 그는 부르주아의 도시를 떠나 파리에서 푸치니의 오페라 〈라 보엠〉 주인공 같은 보헤미안의 삶을 살기로 결심했다.

매해 연말이 되면 유럽 각 도시에서는 〈라 보엠〉이 상연된다. 워낙 인기 있는 레퍼토리이기에 이상할 것도 없지만 추운 연말에 이만큼 잘 어울리는 공연도 없다. 〈라 보엠〉은 예술의 도시 파리를 배경으로 배고픈 예술가의 삶과 사랑을 보여준다. 이 오페라는 꼭 아름다운 음악이 아니더라도 스토리 자체만으로 이미 매력적이다. 성탄절과 신년 전야가 사람을 들뜨게 하지만 그렇다고 가난과 고통이 해결되는 것은 아니다. 먹고사는 문제는 예술가의 자존심만으로 해결되지 않는다. 오랜 여행으로 추위와 배고픔에 익숙해진 에두아르는 아마도 이 오페라에 자신의 상황을 투영했을 것이다. 그는 끝까지 멋을 포기하지 않았지만 예술가의 자존심 못지않게 수도사의 청빈한 삶을 동경했다. 오페라 주인공의 예술혼과 가난은 그런 그에게 매력적으로 다가왔다. 공연을 보는 동안 그는 '새로운 것을 창조하고 싶다는 강한 욕망'에 사로잡혔다. 그리고 갑자기 세계 미술의 중심이 빈이 아니라 파리라는 확신을 가지게 되었다. 그는 부모에게 다음과 같은 내용의 편지를 쓰고는 아무런 준비도 없이 파리로 향했다.

> 제 앞에 예술의 거대한 전장이 펼쳐져 있어요. 거기서 많은 이들이 목숨을 잃었지만 저는 지금 바로 이곳에 뛰어들어야 해요. 이게 제가 파리로 가려는 이유예요.
> — 1908년 8월 3일, 빈에서 부모님께 보낸 편지

에두아르는 한밤중 파리에 도착했다. 마침 사순절이 시작되기 전 참회의 화요일이었고, 축제가 끝난 거리에는 온갖 잡동사니가 굴러다니고 있었다. 파리는 아버지 표현대로 "현대의 바빌론" 같았다. 에두아르는 좁은 골목길 지저분한 호텔에 여장을 풀었다. 지금은 개성 넘치는 상점과 카페가 자리 잡은 파리 3구 샤를로가는 당시만 해도 시끄럽고 번잡했다. 차분히 정돈된 오스트리아의 대도시를 갓 떠나온 청년은 이 분위기에 몹시 당황했다. 숙소 주위는 소도매상의 외침으로 가득했고, 심지어 밤에도 시끄러웠다. 스스로 라틴 감성을 지니고 있다던 청년도 현대의 바빌론이라는 표현에 동의하지

파리의 예술가들이 자주 찾았던 카페되마고

20세기 초 파리는 피카소, 헤밍웨이, 사르트르 같은 유명 예술가들의 활동 무대였다. 에두아르 역시 파리를 터전으로 삼아 다양한 예술가들과 교류하며 자신의 예술 세계를 확립해나갔다. 그는 생제르맹데프레의 작은 음식점과 카페에서 몽파르나스로 이주한 예술가들과 종종 회합했다.

않을 수 없었다.

에두아르는 파리 도착 첫날 두 통의 편지를 받았다. 아버지와 선생님이 보낸 편지에는 모두 같은 내용이 담겨 있었다. 아버지는 아들의 선택을 도저히 지지할 수 없다고 썼고, 레플라트니에는 "예술적 타락의 온상"에 들어가려는 제자를 강하게 만류했다. 아마도 다음 날 에두아르가 노트르담대성당과 에펠탑을 구경하고 곧장 소르본대학 인근으로 숙소를 옮기지 않았다면 그의 결심은 흔들렸을지도 모른다. 어차피 그는 오랜 기간 여행 중이었고, 도시 하나 스쳐 지나가는 것은 자연스러운 일이었다. 하지만 그의 결심은 충동적이었던 것 이상으로 굳건했다. 우리는 모두가 만류한 이 선택이 그를 위대한 건축가로 만들었다는 것을 안다. 그는 파리에서 새 시대의 재료인 철근콘크리트 활용법을 배웠고, 훗날 이것을 자기 예술의 표지로 삼았다. 하지만 1908년 봄에 누가 이를 알았겠는가? 젊은 건축가는 오직 강한 충동과 야심에 이끌려 파리로 향했다.

에두아르는 고향에서 안정적인 삶을 살 수 있었다. 고향에서는 재능 있는 건축가가 필요했고, 그는 적합한 인재였다. 그는 열일곱 살에 첫 주택을 설계했고, 여행 중에도 설계 주문이 들어오고 있었다. 그가 원했다면 여행에서 보고 배운 것을 기반으로 지역 건축가의 삶을 살 수도 있었을 것이다. 하지만 에두아르는 지역이 아니라 현대미술의 전장 한복판에서 싸우기를 원했다. 그는 장인이 아닌 예술가가 되고자 했다. 이제 막 약관을 넘어섰지만 그는 자신이 무엇을 원하는지 분명히 알고 있었다. 예술에 대한 호기심으로 가득 차 있었고, 무엇보다 실패가 두렵지 않은 나이였다. 젊은 건축가는 대학 울타리가 아니라 전장에서 목숨을 건 예술을 하고자 했다. 그는 자신을 열 살 아이로 취급하는 레플라트니에게 볼멘소리로 다음과 같이 회신했다.

> 새로운 예술을 하기 위해서는 아치와 큰 지붕의 폭, 그리고 대담한 캔틸레버를 계산할 줄 알아야 해요. 모두 전통적인 장인들이 하지 못한 것이지요. 제가 작은 임대주택이나 빌라 건축 이상을 원하는 것을 아시잖아요.
>
> — 1908년 3월 1일, 빈에서 레플라트니에 보낸 편지

위대한 예술가가 되고 싶었던 스무 살 청년의 통찰력은 그의 야심만큼 날카로웠다. 에두아르는 장식미술의 유행 이후 전개될 건축의 변화를 미리 감지하고 있었다. 장식이 아니라 합리적인 구조와 공간을 갖춘 건축, 그리고 그것을 가능하게 하는 공학 기술에 대한 관심이 젊은 건축학도를 사로잡고 있었다. 파리에서 그는 자신의 꿈을 현실로 만들어줄 스승을 찾아 나섰다.

빈에서 매사에 미적대던 에두아르는 파리에서 완전히 태도를 바꾸었다. 대학에 입학하지 않았지만 유명 미술학교인 에콜데보자르에서 청강을 했고, 건축 사무소도 부지런히 찾아다녔다. 전화번호부에서 장식미술가 유진 그라세의 이름을 발견하고 그를 찾아간 것도 이러한 적극성의 발로였다. 에두아르는 학창 시절 그라세의 『장식 구성 방법론』을 탐독했다. 두 시간 남짓한 둘의 만남은 청년의 인생을 바꾸어놓았다. 파리 건축이 타락하고 있다는 그라세의 말은

어디서 많이 듣던 이야기였지만 그 목소리에는 위엄이 서려 있었다. 그라세는 새로운 건설 기법이 모든 문제를 해결해줄 것이라며 철근콘크리트에 대한 일장 연설을 늘어놓았다. 에두아르의 눈에 그는 마치 예언자처럼 보였다. 청년은 그 길로 그라세가 소개한 오귀스트 페레를 찾아갔다.

페레는 철근콘크리트를 이용한 혁신적인 건축으로 명성을 얻고 있었다. 콘크리트는 단단하지만 휘는 힘에 약하다. 그러나 철근으로 인장력을 보강하면서 건축에 큰 변화가 찾아왔다. 새로운 건축 공법은 대단한 강점을 지니고 있었다. 가볍고 튼튼했으며, 원하는 모습으로 형태를 빚어낼 수 있었다. 공기를 단축시켜 공사비 절감에도 한몫했다. 무거운 돌덩어리를 쌓아 올리고, 그것을 치장하며 시간을 보내던 시대는 이제 지나갔다. 가볍고 효율적인 재료 덕분에 건축은 원하는 형태와 높이로 지어질 수 있었다.

물론 익숙하지 않은 산업 재료에 대한 저항도 존재했다. 장인 정신을 강조하던 예술가들이 토목 공사에나 쓰던 재료를 받아들이려 했겠는가. 철근콘크리트 건축은 일대 전투를 준비하고 있었다. 에두아르는 어느 편에 설지 어렵지 않게 입장을 정했다. 건축은 암울하던 시기를 지나 이제 막 부활하고 있었다. 그는 페레가 프랭클린 가에 세운 아파트를 보고 이를 강하게 확신했다. 날렵한 그의 건물은 주변 건축과 완전히 달랐다. 10층짜리 건물은 가벼운 골조로 지탱되었고, 큰 개구부 덕분에 밝고 환했다. 밖으로 돌출된 창은 마치 공중에 떠 있는 것 같았다. 얇은 구조체를 중심으로 열리고 닫힌 입면은 율동감을 자아냈다. 에두아르는 건물 구조를 그대로 드러낸

파사드에서 건축의 '순수함'이 무엇인지 알게 되었다. 과도한 장식에서 벗어나 순수한 형태를 추구하던 건축학도에게 이는 혁명적인 사건이었다. 그라세의 예언처럼 새로운 재료는 구조만이 아니라 건축 자체를 변화시키고 있었다. 에두아르는 페레라는 '시대의 영웅'을 따라 당장이라도 전장에 뛰어들고 싶어 했다. 청년은 드디어 자신이 싸울 전쟁터를 찾아냈다.

에두아르는 이탈리아 각 도시에서 그린 스케치를 페레에게 보여주었다. 페레는 청년의 빛나는 재능을 간파했고, 곧장 그를 채용했다. 르코르뷔지에의 기억대로라면 그는 "내 오른팔이 되어달라"라고 했다. 드디어 에두아르에게 전투 기회가 온 것이다. 페레는 건축 디자인 작업도 했지만 회사의 주요 일거리는 철근콘크리트 시공이었다. 에두아르는 이를 위해 청사진 만드는 작업에 투입되었다. 빈에서 시작된 일상은 파리에서도 반복되었다. 그는 오전에 그림을 그리고, 오후에 설계 사무소에 나가 하루 다섯 시간씩 건축 작업을 했다. 이런 생활은 페레 사무소에서 근무한 16개월 동안 반복되었다. 그는 지칠 줄 모르는 열정으로 유럽과 아프리카 등지에 짓는 철근콘크리트 건축의 도면을 그렸다.

오귀스트 페레가 프랭클린가에 세운 아파트
파리에서 오귀스트 페레를 소개받은 에두아르는 곧장 그의 사무소를 찾아 나섰다. 그는 페레가 프랭클린가 25번지에 지은 아파트에서 철근콘크리트 건축의 혁신성을 다시 한번 확인했다. 5베이로 된 건물은 개방적이고, 구조의 제약에서 벗어나 자유로웠다. 에두아르는 페레의 사무소에서 파트 타임으로 일하며 미래를 준비했다.

페레 사무소에서 에두아르는 대단히 중요한 시기를 보냈다. 그의 손을 거친 도면은 한결같이 장식미술의 미래에 의문을 던지고 있었다. 라쇼드퐁에서 본 세상과 도면 속 세상은 너무나 달랐다. 그에게 선택의 시기가 왔다. 고향에서 마치 종교처럼 신봉했고 그 중심지인 빈에서 오히려 그 이면을 보게 된 장식미술 대신, 그는 '새로운 예술'을 하고 싶어 했다. 이것은 취향이 아닌 생존의 문제였다. 그는 페레의 조언을 따라 학창 시절 등한시하던 수학 공부에 매진했다. 건축의 구조와 형태를 제대로 이해하기 위해서였다. 노트르담 대성당도 공부에 도움이 되었다. 그는 소르본대학 인근에 있던 집에서 이 고딕 성당을 매일 내려다보며 건물을 지탱하는 플라잉 버트리스flying buttress(고딕식 성당의 독특한 양식으로, 성당 외벽을 떠받치는 아치형 지지 구조를 일컫는다)에서 공학 기술의 위대함을 보았다. 반면 성당 장식은 몹시 짜증스러웠다. 성당은 "엔지니어의 승리와 조형 예술가의 실패"를 상징하고 있었다. 에두아르는 이를 반면교사로 삼았다. 그는 철근콘크리트 작업에 참여하면서도 주말이면 박물관을 찾아 예술적 감성을 채워나갔다. 그는 공학과 예술의 결합을 결코 포기하지 않았다.

에두아르는 프랭클린가 25번지에서 근무하면서 처음에는 기능 중심적인 페레의 건축에 반신반의했다. 하지만 빠른 속도로 그에게 동화되어갔다. 페레는 무거운 돌덩어리와 과도한 장식에서 건축을 해방시키고, 간결한 구조로 아름다움과 효율성을 동시에 얻어냈다. 마치 "단칼에 적을 물리치는 페르시아 왕"처럼 그의 건축은 단호하고 합리적이었다. 페레는 마치 건축의 타락을 막는 영웅처럼 보였

에두아르는 페레의 사무소에서 16개월간 일하면서 합리적이고 세련된 그의 건축 스타일을 흡수했다. 그뿐만 아니라 페레의 인간적인 면모와 취향까지 좋아해 화려한 넥타이를 매고 턱 수염을 따라 기르기도 했다. 이 그림은 조각가 앙투안 부르델이 그린 것이다.

다. 그는 혁명을 하면서도 전투 후 "패장에게 담배 한 대 건네줄 수 있는" 여유마저 지녔다. 에두아르는 이 영웅을 흠모하게 되었다. 페레는 인간적이었고, 취향도 건축만큼 멋있었다. 에두아르는 페레를 따라 턱수염을 기르기 시작했다.

새로운 시대의 건축을 찾아서

에두아르는 빈에서 설계한 주택 두 채가 지어지는 것을 감독하기 위해 1909년 가을 고향을 찾았고 이듬해 다시 여행을 시작했다. 빌라 팔레 설계비를 들고 무작정 떠난 여행은 벌써 3년 넘게 이어지고 있었다. 이번 여행의 목적지는 독일로, 레플라트니에가 2년 전 권유한 곳이었다. 스승의 조언을 따르는 데 긴 시간이 걸렸지만 젊은이의 사고와 의지는 이전과는 비교할 수 없을 만큼 단단해져 있었다. 그는 자신에게 무엇이 필요한지 알았고, 빈에서와 같은 미적거림을 용납하지 않았다. 그는 카를스루에, 슈투트가르트, 울름 같은 독일 소도시를 거쳐 뮌헨에 정착했다. 매일 도시 한 곳을 거치는 강행군이었다. 그는 뮌헨에 도착해 한 가지 중요한 사실을 알게 되었다. 당시 대부분의 독일 건축가는 뮌헨이 아니라 베를린에서 활동하고 있었다.

에두아르는 이탈리아 도시를 헤매고 다닐 때처럼 프랑스와 독일에서도 적절한 정보 없이 여행과 정착을 반복했다. 하지만 그의 열정은 대단했다. 뮌헨 도착 직후 집을 구하고, 건축가 테오도어 피셔를 찾아갔다. 슈트트가르트와 울름 등지에서 본 그의 건축이 대단히 인상 깊었기 때문이다. 당시 피셔는 뮌헨공대에서 도시계획을 강의했는데, 이는 에두아르의 관심사와도 일치했다. 에두아르의 포트폴리오는 뮌헨에서도 놀라운 힘을 발휘했다. 파리와 뮌헨뿐만 아니라 세계 어느 도시의 누구라도 그의 스케치를 그냥 지나치기는 어려웠을 것이다. 피셔는 에두아르의 재능을 놓치고 싶지 않았다. 직원을 채용할 수 있는 형편이 아니었음에도 그는 거절 의사를 전하는 데 뜸을 들였다. 그러는 동안 둘은 인간적인 교분을 쌓아갔다.

피셔는 뮌헨공대 교수였고, 이는 에두아르에게 좋은 기회가 될 수 있었다. 그가 만약 대학 진학을 선택했다면 말이다. 뮌헨공대는 도시계획뿐만 아니라 건축 재료와 구조를 제대로 공부할 수 있는 최적의 장소였다. 에두아르의 고립된 성격 때문에 단정 지어 말할 수는 없지만 학교를 다니면서 자연스럽게 독일어 실력을 키울 수도 있었다. 하지만 그는 대학 진학 대신 베를린행을 선택했다. 학창 시절부터 문제였던 독일어는 시립도서관에서 발견한 언어 교환 쪽지가 해결해주었다. 그는 젊은 미술사학도인 오귀스트 클립스탱이라는 친구를 만나 독일어 공부를 시작했다. 클립스탱은 몇 달 뒤 에두아르와 '동방 여행'을 떠나게 된다.

만약 에두아르가 뮌헨에 남아 공부를 했다면 건축의 역사는 어떻게 바뀌었을까? 어쩌면 르코르뷔지에의 대표작인 롱샹성당이 훨씬 이른 시기에 지어졌을지도 모른다. 하지만 많은 건축사가들이 동의하듯이 에두아르가 비슷한 시기에 뮌헨에 정착한 에리히 멘델존처럼 표현주의 예술가들과 교류했을 것이라 생각하기는 어렵다. 멘델

존은 뮌헨공대에서 피셔에게 건축을 배웠고, 표현주의 화파인 청기사파 결성에 동참하면서 바실리 칸딘스키, 프란츠 마르크, 파울 클레 등과 교류했다. 그리고 10년 뒤 베를린 인근에 '아인슈타인 타워'라는 기념비적인 건물을 남겼다.

반면 에두아르에게는 대학 진학 계획이 전혀 없었다. 대신 바그너와 슈트라우스의 오페라를 보러 다녔고, 알테피나코테크미술관을 찾아 루벤스와 렘브란트의 17세기 회화를 감상했다. 그는 표현주의 일색이던 뮌헨의 현대미술에 질색했다. 현대미술 전시장인 노이에피나코테크에 들어갔다가 7분 30초 만에 문을 박차고 나오기도 했다. 그가 뮌헨을 떠나 베를린에 있는 페터 베렌스를 찾아간 것은 자연스러운 귀결이었다. 당시 베렌스는 전기 설비와 전자 제품 등을 생산하던 AEG의 제품 디자인을 총괄해 큰 호응을 얻고 있었다. 에두아르의 첫 베를린 방문은 언제나처럼 갑작스럽게, 그리고 충동적으로 이루어졌다. 청년은 베를린에서 큰 도시건축전이 열리고 있다는 소식을 들었다. 때마침 피셔가 그동안 뜸 들이던 이야기를 전했다. 설계 사무소에 자리가 없다는 말 말이다. 도시건축전 폐막이 일주일가량 남은 시기였다. 에두아르는 이틀 뒤 베를린행 기차에 올랐다.

에두아르는 뉘른베르크를 거쳐 베를린에 도착했다. 마침 베를린에서는 도시건축전보다 더 중요한 행사가 열리고 있었다. 제3차 독일공작연맹총회가 개최된 것이다. 독일공작연맹은 산업과 예술의 결합을 모토로 결성되었고, 대단히 조직적인 활동을 펼치고 있었다. 헤르만 무테지우스를 중심으로 결성된 이 연맹은 유럽의 영향력 있는 예술가들의 호응을 이끌어냈다. 베렌스와 피셔가 이에 동조했고, 앙리 반 데 벨데는 바이마르에서 이 운동에 동참했다. 모두 빈과 파리에서 에두아르와 직간접적으로 연결된 이들이었다.

베를린에서의 첫 출발은 순조로웠다. 우연히 독일공작연맹총회에 참석한 에두아르는 곧바로 이어진 AEG 공장 견학에 따라나섰다. 베렌스가 디자인한 AEG 공장은 새로운 산업 재료로 지어졌고, 간결한 디자인을 자랑했다. 그것은 거대하지만 위압감이나 무게감을 전달하지는 않았다. 베렌스는 경량 철골구조와 유리벽으로 세련된 분위기를 냈고, 불필요한 장식과 구조를 과감하게 생략했다. 그는 사람들의 고전적인 취향도 배려했다. 철골구조로 지은 공장은 모서리에 기둥이 필요 없었다. 하지만 베렌스는 비어 있는 모서리를 석재로 마감해 고전적인 분위기를 냈다. 그리고 유리 벽을 기울여 철골구조를 밖으로 노출시켰다. 이는 모두에게 익숙한 신전 기둥을 연상시켰다. 박공 모양 지붕 역시 사람들의 향수를 적절히 자극했다.

베렌스의 건축은 혁신적이지만 과도하지 않았다. 그는 고전적인 취향을 현대적인 디자인과 구조 속에 적절히 녹여냈다. 시대는 변했고, 산업화는 거스를 수 없는 흐름이었다. 베렌스는 시대정신을 조화롭게 반영했다. 에두아르는 베렌스의 현대적인 디자인 앞에서 깊은 감명을 받았다. 그는 이 공장이 파르테논신전이나 피렌체 두오모의 지위를 차지하고 있다고 확신했다. 그날 밤 젊은 건축학도는 장문의 편지 대부분을 베렌스에 대한 칭송으로 채웠다.

에두아르는 베를린에서 두 개의 전시를 관람했다. 하나는 〈위대

페터 베렌스가 디자인한 AEG 공장

베를린에서 우연히 방문한 AEG 공장은 에두아르의 인생을 바꾸는 계기가 되었다. 에두아르는 고대 신전의 형태를 현대적인 공장에 투영한 베렌스의 건축 스타일에 매료되었다. 그는 1년 가까이 기다린 끝에 베를린 인근 노이바벨스베르크에 위치한 베렌스의 사무소에서 마지막 도제식 수업을 받았다.

한 베를린〉이라는 도시건축전이었고, 다른 하나는 베렌스가 기획한 〈시멘트와 석회 산업〉 전이었다. 두 전시 모두 그를 흥분시켰다. 특히 베렌스의 전시는 놀라웠다. 그것은 건축 재료와 양식의 관계에 초점을 두고 있었다. 이는 마침 에두아르가 고민하던 문제였다. 새로운 산업 재료는 건축의 구조와 형태를 변화시키고 있었고, 이는 새로운 양식의 탄생으로 이어질 것이었다. 에두아르는 이를 미리 대비하고 싶어 했다. 전시는 여러 건축가, 엔지니어, 기업가 들이 어떻게 새로운 재료를 활용하고 있는지 소개하고 있었다. 현대의 산업 재료는 분명 다른 건축 방식과 스타일을 만들어내고 있었다. 에두아르는 새로운 건축 재료와 기술, 그리고 그것을 이용한 동시대의 건축을 유심히 관찰했다. 새 시대에 어울리는 새로운 건축을 원했던 그는 특히 철근콘크리트에 어울리는 건축양식을 찾아내고자 했다. 에두아르는 베렌스 사무소이야말로 현대건축을 공부할 수 있는 최적의 장소라고 굳게 확신했다.

에두아르는 장식미술과 도시계획 연구를 위해 독일 도시를 계속 여행하며 베렌스와 일할 수 있는 기회를 모색했다. 포트폴리오를 보내고 수차례 연락을 취했지만 일은 쉽게 풀리지 않았다. 베렌스는 몇 달 동안 전혀 답을 주지 않았다. 에두아르는 베렌스의 사무실을 무작정 찾아갔다. 무모함은 효력을 발휘했다. 에두아르는 이틀 뒤 베렌스와의 면접을 약속받았다. 하지만 만남은 성사되지 않았다. 베렌스가 빙모 상을 당했고, 엎친 데 덮친 격으로 그의 아내마저 쓰러진 것이다. 어쩔 수 없는 상황이었지만 오랜 기간 그와의 만남을 고대한 젊은 청년에게 인내심은 전혀 남아 있지 않았다. 그는 완전히 이성을 잃었다. 에두아르는 눈에 보이는 모든 것이 싫어졌다. 애꿎은 대도시는 가장 만만한 비난의 대상이 되었다. 그는 베를린을 베렌스만큼이나 싫어하게 되었다. 베를린 거리는 더러웠고, 미술관은 역겨웠다. 그날 밤 편지에 에두아르는 "베를린은 절대 나를 이길 수 없다"라고 썼다. 그가 정말 이 대도시와 싸우려 하지는 않았을 것이다. 다만 기나긴 기다림이 그를 지치게 했을 뿐이다. 베렌스는 에두아르의 자존심에 큰 상처를 주었다. 지금껏 에두아르의 스케치는 단 한 번도 실망을 안겨준 적이 없었다.

에두아르는 베를린 사람들이 자신을 건축가가 아닌 화가로 본다고 투덜댔지만 정작 자신의 포트폴리오가 기대한 반응을 불러일으키지 못하자 크게 실망했다. 그는 베를린을 떠나 드레스덴으로 향했다. 마침 그의 형이 스위스 출신의 음악인인 에밀 자크달크로즈에게 유리드믹스(몸의 움직임을 통하여 음악을 경험하는 방식)를 배우러 드레스덴에 와 있었다. 두 형제는 자크달크로즈 오케스트라의 연주를 들으며 큰 즐거움을 느꼈다. 음악과 연계된 적절한 신체 활동은 그의 실망감을 가라앉히고 정서적 안정에 도움을 주었다. 안정감을 되찾은 에두아르의 눈에는 이제 젬퍼의 건축물마저 매력적으로 다가왔다. 그토록 혐오하던 바로크 스타일 건축에 반응하는 그는 더 이상 빈의 회의주의자가 아니었다. 형제는 내친김에 독일공작연맹이 주도한 헬러라우 신도시 구경에 나섰다. 때마침 베를린에서 좋은 소식이 왔다. 에두아르는 베렌스 사무소 근무를 위해 베를린행 기차에 올랐다.

스케치의 성공 신화는 다행히 베를린에서도 이어졌다. 아마 콧대

높은 베렌스도 에두아르의 재능을 못 본 척 넘어가기는 쉽지 않았을 것이다. 사실 베렌스의 사람 보는 눈은 타의 추종을 불허했다. 발터 그로피우스와 루트비히 미스 반데어로에가 그의 사무소를 거쳐 갔고, 이제 에두아르의 차례였다. 에두아르는 1910년 11월 1일 자로 근무를 시작했다. 이날은 그가 페레 사무소를 그만둔 지 정확히 1년째 되는 날이었다. 그동안 파트타임으로만 일하던 그는 생애 처음이자 마지막으로 전일제 근무를 했다. 매일 아침 8시 반에 출근해 오후 6시까지 일했다. 토요일 오전에도 일을 해야 했다. 여유 있는 오전을 보내고 오후에 건축 작업을 하던 그의 생활 리듬도 잠시 깨졌다. 종종 들르던 미술관도, 주말마다 찾던 오페라극장도 일에 매인 직장인에게는 사치였다. 문화생활과 함께 더없이 활발하던 그의 청춘사업도 멈추었다. 보헤미안의 삶을 동경하던 젊은 청년은 여느 직장인과 다를 바 없이 일상에 찌들어갔다. 그는 베를린에서 도시, 건축, 미술이 아니라 일상과 투쟁하기 시작했다.

에두아르는 베렌스 사무소에서 약 5개월간 일했다. 겨울의 시작과 끝을 일에 파묻혀 지낸 셈이다. 오후 4시면 지는 해는 퇴근을 기다려주지 않았고, 과도한 업무는 심신을 지치게 했다. 대도시는 "시커먼 적막감"만을 안겨주었다. 그는 심지어 런던도 이처럼 괴물 같지는 않을 것이라 생각했다.

베렌스 사무소에서 에두아르는 스무 명의 직원 중 하나에 불과했다. 베렌스는 끝도 없이 일감을 수주했고, 직원들은 어떻게든 그 속도를 맞추어야 했다. 베렌스는 성취감에 도취되어 있거나 돈의 제물이 된 듯했다. 카리스마 넘치는 이 지휘관은 모두를 노예로 만들

페터 베렌스의 사무소(1908)

에두아르는 1910년 11월부터 베렌스 사무소에서 전일제 근무를 했다. 사진에 등장하는 발터 그로피우스(맨 오른쪽에서 도판을 들고 있는 사람)와 미스 반데어로에(맨 왼쪽) 역시 베렌스 사무소를 거쳐 갔지만, 에두아르는 이들과 함께 일하지는 못했다. 그로피우스와 미스 반데어로에는 당시 독립한 상태였다. 다만 미스 반데어로에가 베렌스 사무실에 잠깐 들렀을 때, '잔느레'라는 청년을 현관에서 잠깐 마주쳤다고 회상한 내용이 잘 알려져 있다. 이들은 모두 연배가 비슷했고, 이후 지속적으로 교류하며 건축의 근대화를 이끌었다. 훗날 이들은 미국의 프랭크 로이드 라이트와 함께 세계 3대 또는 4대 건축가로 불리게 된다.

고 있었다. 악덕 업주 밑에서 직원들은 보통 강한 유대감을 형성하기 마련이다. 한데 모여 상사에 대한 험담을 늘어놓는 동안 왠지 모를 동질감이 그들을 하나로 묶어준다. 하지만 에두아르는 어느 누구와도 이런 관계를 맺지 않았다. 젊은 시절 그는 기본적으로 사회성이 좋은 편이 아니었다. 동료들은 친절하고 정중했고, 그들 중 어느 누구도 신입 사원을 괴롭히거나 골탕 먹이지 않았다. 하지만 에두아르는 진정한 친구는커녕 스스럼 없이 지낼 수 있는 관계조차 만들지 못했다. 사실상 그는 고립 상태였다.

에두아르는 인간관계의 어려움을 패션과 편지로 해소했다. 그는 베를린의 부르주아를 혐오하면서도 그들처럼 남에게 보이는 모습에 신경을 썼고, 이것으로도 해소되지 않는 공허함은 편지로 달랬다. 그는 예술계가 "허풍 떠는 사람들"과 "겸손하고 수줍음 타는 사람들"로 구성되어 있다고 믿었는데, 에두아르 자신이 이런 양면성을 지니고 있었다. 그는 화려하지만 공허했고, 하루 아홉 시간 넘게 함께 보내는 동료가 아니라 멀리 있는 이들과 교류했다. 그의 편지는 고향의 가족과 스승, 친구에게 쉼 없이 전해졌다. 그는 베렌스에 대한 험담이 가득 담긴 편지를 주로 발송했다.

베렌스는 파리의 페레나 뮌헨의 피셔와 달랐다. 그는 젊은 직원과 인간적인 교감을 나누는 대신 "그들에게 테러를 가했다". 그는 엄격한 리더였고, 직원을 강하게 몰아붙였다. 에두아르는 그토록 원하던 베렌스 사무소에서 일을 시작한 지 불과 열흘 만에 그를 '곰'이라 부르기 시작했고, "위압적이고 끔찍한 독재자"라고 평가했다.

에두아르는 파사드 디자인에만 치중하는 베렌스의 업무 지시에도 지쳐갔다. 베렌스는 아름다운 형태에 지나치게 집착했다. 이는 에두아르가 생각한 '건축의 순수함'과 거리가 멀었다. 그는 베렌스의 사무실에 현대건축이 없다고 결론 내렸다. 그는 순수한 건축을 추구했고, 새로운 재료로 실험적인 건축을 하고 싶어 했다. 하지만 이곳은 페레의 사무실이 아니었다. 베렌스는 신입 사원에게 고전적인 건축양식을 계속 베껴 그리게 했다. 카를 프리드리히 싱켈의 드로잉과 아크로폴리스의 신전 장식, 나폴레옹 시대 가구 사진이 그의 교본이 되었다. 그는 베렌스의 과제를 몹시 싫어했지만 이는 그에게 대단히 좋은 공부가 되었다. 이탈리아에서 고딕 성당을 찾아다니던 젊은 청년은 몇몇 대도시를 거치며 취향 변화를 겪었고, 이제는 고전주의 양식에 점점 가까워지고 있었다. 그는 자신이 게르만이 아닌 라틴 감성을 지니고 있다고 믿었지만 어느새 양자의 절충을 모색하고 있었다.

베렌스는 건축 구조보다 형태에 관심이 많았고, 리듬감과 조화로운 비례를 강조했다. 그래서 건축의 '뼈대보다 살에만 관심을 둔다'는 비판을 받았다. 에두아르는 자신도 모르게 그의 스타일에 익숙해져갔다. 조화로운 형태를 중시하는 르코르뷔지에의 노년 건축은 이 시기부터 준비되고 있었다. 에두아르는 베렌스를 막연히 싫어하지 않기 위해 노력했다. 성숙한 청년은 건축가의 능력과 고용주의 성품을 애써 구분 지었다.

그는 훌륭한 건축가에 대한 존경심을 잃지 않기 위해 베렌스가 정신적으로 아픈 사람이라 생각하기로 했다. 이 시기 에두아르를 위로한 것은 차이콥스키의 〈1812년 서곡〉밖에 없었다. 차이콥스키는 돈벌이를 위해 작곡한 이 표제음악을 그리 좋아하지 않았지만 이를 알 리 없는 에두아르는 음악을 들으며 나폴레옹을 물리친 러시아의 승리에 함께 도취되었다. 대포 소리까지 흉내 내는 차이콥스키의 음악은 강렬했다. 폭압적인 고용주에 억눌려 있던 예민한 청년은 이 다채로운 구성의 음악에서 자유와 해방감을 느꼈다.

베를린에서 에두아르는 빈에 있을 때보다 더 심각한 우울증에 빠졌다. 이 도시에서는 음악 외에 위로가 될 만한 것이 없었다. 심지어 날씨마저 그를 괴롭혔다. 베를린의 겨울은 길고 음습했다. 이는 프로이센 사람의 냉랭함만큼이나 견디기 힘들었다. 에두아르는 스스로 고립되었다. 그는 위대한 예술가가 되고 싶었지 평범한 직장인이 되고 싶지는 않았다. 그는 자신이 동료들과 다르다고 생각했다. 그들은 예술에 대한 열정도 정열도 없이 맡은 일만 하다 주말이면 클럽을 찾았다. 에두아르의 주말은 달랐다. 그는 기차를 타고 베를린 중심에 있는 티어가르텐공원과 슈프레강을 찾았다. 하지만 도심 속 숲과 강변을 산책하는 동안 에두아르의 시름은 더욱 깊어졌다. 그는 티어가르텐에서 무거운 하늘을 보았고, 시내에서는 자동차 행렬과 매연과 시커먼 그을음을 목격했다. 에두아르는 아름다운 조각 작품 위로 보이는 푸른 하늘과 찬란하게 빛나는 붉은 꽃, 그리고 밤하늘의 별빛을 그리워했다. 그는 자신이 만들어갈 이러한 찬란한 도시의 모습을 찾아 또다시 기나긴 여행을 준비했다.

동방 여행

건축가의 여행

르코르뷔지에는 먼 훗날 프랑스 정부로부터 경력을 인정받기 전까지 학위도 자격증도 없는 건축가였다. 그는 자신이 건축을 독학했다는 사실을 평생 자랑스러워했는데, 그에게 여행은 졸업장과 자격증을 대신하는 징표와도 같았다. 첫 설계비를 들고 스무 살에 떠난 여행은 무려 스물네 살까지 이어졌다. 그는 경험한 모든 것을 자기 건축의 원천으로 삼았다. 여행은 자격증 없는 건축가에게 '자기 창조'와 '자기 수련'의 상징이자 자랑거리가 되었다.

에두아르는 1911년 봄, 또 한 차례의 여행을 감행했다. 그의 유명한 '동방 여행'이 시작된 것이다. 다시 도진 에두아르의 방랑벽에 부모와 스승은 우려를 감추지 못했다. 부모가 보기에 아들은 여행이 아니라 일에 집중할 나이였다. 스승의 생각도 다르지 않았다. 레플라트니에는 두 개의 연구 프로젝트가 자꾸 지연되는 것을 걱정했다. 에두아르는 모교의 지원을 받아 독일 장식미술을 연구하고 있었고, 스승과 함께 도시계획 프로젝트를 진행 중이었다. 레플라트니에르는 에두아르가 인생의 휴지기를 만들려는 것을 이해하지 못했다. 에두아르는 아직 더 성장해야 했다. 스승이 보기에 제자의 인격과 예술은 전환점이 필요할 만큼 성숙해 있지 않았다. 하지만 그들은 언제나처럼 걱정의 크기 이상으로 청년을 지지해주었다. 경제적인 부분에서는 더욱 그랬다.

에두아르의 독일 생활은 기본적으로 적자였다. 그는 소소한 지출이 많았다. 벌이가 꽤 늘었지만 고향에서 가끔 보내주는 돈 없이 생활하기는 쉽지 않았다. 에두아르 역시 돈을 보내기는 했으나 보통은 받는 액수가 더 컸다. 그의 계산에 따르면, 그는 약 700프랑을 부모에게 빚지고 있었다. 그는 이를 갚고 여행을 떠나고 싶어 했다. 결국 매일 하던 일로 돈을 벌기로 마음먹었다. 편지를 신문에 기고하는 것이었다.

에두아르는 정치적으로 중립적인 고향의 한 일간지를 염두에 두었다. 그는 야심가였고, 불필요한 오해를 사고 싶지 않았다. 보잘것없던 청년 시절의 이러한 태도는 훗날 유명인이 되어서도 계속된다. 르코르뷔지에는 전쟁과 복잡한 이념 갈등 속에서 결코 어느 한편에 서지 않았다. 20세기 초중반의 정치적 혼란을 생각해보면 이것이 얼마나 어려운 일이었는지 쉽게 짐작할 수 있다. 그는 일생 프로젝트 실현에만 관심을 두었다. 문제는 이러한 태도가 그를 더 정치적으로 보이게 했다는 점이다. 그는 순수한 예술을 하기 위해 파시스트나 공산국가의 독재자와도 서슴없이 손을 잡았고, 이런 이상한 태도는 그의 인생을 논란에 휩싸이게 했다. 오직 예술만을 위한

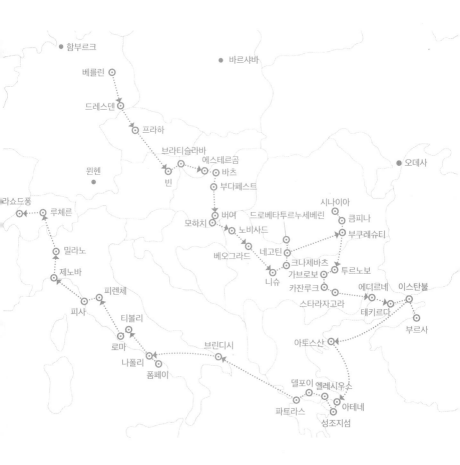

함부르크

바르샤바

베를린

드레스덴

프라하

오데사

브라티슬라바

에스테르곰

뮌헨

바츠

빈

부다페스트

라쇼드퐁

시나이아

콤피나

루체른

버여

드로베타투르누세베린

모하치

부쿠레슈티

노비사드

밀라노

네고틴

제노바

베오그라드

크나제바츠

가브로보

투르노보

피렌체

니슈

카잔루크

에디르네

이스탄불

피사

스타라자고라

티볼리

테키르다

부르사

로마

브린디시

아토스산

나폴리

폼페이

델포이

엘레시우스

파트라스

아테네

성조지섬

르코르뷔지에의 동방 여행 경로

에두아르는 1911년 봄에 또 한 차례의 여행길에 올랐다. 독일 드레스덴에서 출발하여 발칸반 도와 소아시아, 그리고 그리스와 이탈리아를 거쳐 고향으로 돌아오는 긴 여정이었다. 에두아 르는 동방 여행에서 사람들의 생활을 관찰하고 건축의 본질을 고민했다. 이는 그를 진정한 건 축가로 성장시켰다. 르코르뷔지에는 두고두고 이 여행을 자랑스러워했고, 훗날 기행문을 출간 하기도 했다.

그의 처신은 오늘날까지도 비판의 대상이 되고 있다. 에두아르는 정치색을 감출 수 있는 중립 성향의 지역 일간지《라포유다비스》에 기행문을 싣기로 결정했다. 하지만 이 일간지에는 원고료가 없었고, 그는 결국 스승에게 돈을 빌렸다.

에두아르는 동방 여행을 꽤 오랜 기간 준비했다. 첫 여행을 고향 친구 페랭과 함께했던 그는 이번에는 클립스탱과 동행했다. 에두아르는 뮌헨에서 클립스탱에게 독일어를 배웠다. 둘은 정기적으로 만나는 동안 누구 못지않게 가까운 사이가 되었다. 원래 에두아르는 로마에 가고 싶어 했다. 우중충한 독일에 지쳐 있던 그는 따스한 햇살 아래에서의 휴식을 꿈꾸었다. 1910년 9월 30일, 그는 클립스탱에게 편지를 보내 로마의 공원을 산책하고 도나토 브라만테의 작품을 감상하고 싶다고 썼다. 하지만 클립스탱은 엘 그레코를 주제로 박사 논문을 쓰고 있었다. 그는 크레타섬 출신의 이 화가가 비잔틴 이콘화에서 받은 영향을 연구하고자 이스탄불을 주목적지로 삼았다. 이는 에두아르에게도 그리 나쁜 선택이 아니었다. 그는 가깝게 지내던 윌리엄 리터의 『슬라브의 열병』을 읽고 '이국적인 동방'에 호기심을 가지게 되었는데, 마침 소설의 배경인 발칸반도가 이스탄불로 향하는 경로 위에 자리 잡고 있었다.

에두아르는 발칸반도, 이스탄불, 아토스산, 아크로폴리스, 이탈리아반도를 거치는 긴 여행을 준비했다. 동방 여행은 치밀하게 준비되었다는 점에서 에두아르의 이전 여행과 달랐다. 클립스탱이라는 지적이고 믿을 만한 친구도 함께했다. 그들은 엘 그레코의 흔적을 쫓아다니며 곳곳에서 민예품을 수집하고 지역 문화를 경험했다.

슬로바키아, 헝가리, 세르비아, 불가리아, 루마니아를 거치는 동안 두 청년의 예술적 감성은 더욱 풍부해졌다.

여행은 드레스덴에서 시작되었다. 베를린에서 드레스덴과 프라하를 거쳐 동유럽으로 향하는 여정은 예나 지금이나 많은 여행객이 선호하는 코스다. 두 젊은 청춘 역시 같은 경로로 빈에 당도했다. 에두아르는 이전보다 훨씬 여유 있는 모습으로 오스트리아·헝가리 제국의 수도를 구경했다. 그는 도시를 처음 방문한 관광객처럼 링슈트라세 이곳저곳을 기웃거렸다. 마침 축제가 벌어지고 있었다. 그는 "빈둥거리며" 축제를 즐기는 빈의 "가난하고 지저분한 군중" 틈에 꼈다. 그리고 그들을 혐오했다. 젊은 건축가는 이념에 무심한 척 했지만 계급 갈등에 관심이 많았다. 그는 부자들이 가난한 이를 구제하기 위해 삶을 즐긴다는 장 릭튀의 시구를 떠올렸다. 만약 부자들이 이를 지루해한다면 가난한 이들은 축제와 볼거리마저 잃게 될 것이다. 에두아르는 무기력하고 지저분한 빈의 군중을 이렇게 타자화했다. 그들은 축제나 즐기면서 원망을 풀고, 또다시 무기력한 삶을 이어갈 것이다. 에두아르는 그들과 달랐다. 그는 베렌스 사무소를 스스로 뛰쳐나왔고, 자신의 삶과 예술을 찾기 위해 길을 떠났다. 에두아르는 이미 오래전 이곳 빈에서 부르주아의 삶을 포기했다. 그리고 이제 그만큼 프롤레타리아와도 거리를 두게 되었다. 방랑벽 있는 보헤미안은 호기롭게 출발한 여행에서 삶의 교훈을 찾아야 했다. 여행은 무기력한 삶에서 그를 구원하고, 무엇보다 예술의 본질을 알려줄 것이다. 에두아르는 삶의 희망과 예술의 기원을 찾기 위해 이국적인 타자의 문명 속으로 발걸음을 내디뎠다.

에두아르와 클립스탱은 기차역 대신 강가로 향했다. 그들은 오리엔트 특급열차에 오르지 않았다. 그들의 목적지는 이스탄불이 아니라 그곳을 다녀오는 여정 자체였다. 도시 사이를 빠르게 관통하는 특급열차에서는 발칸반도를 흐르는 마리차강도, 터키 국경의 에디르네도 구경할 수 없었다. 에두아르는 그런 여행을 한 적이 없었다. 그의 여행에는 언제나 경유지가 있었고, 예상하지 못한 경험이 있었다. 그는 곳곳을 다니며 모든 것을 관찰했고, 이는 스케치북과 편지에, 무엇보다 그의 기억에 새겨졌다. 두 청년이 오리엔트 특급열차 대신 다뉴브강 크루즈를 선택한 것은 자연스러웠다. 그들은 빈에서 출발하는 증기선에 올랐다.

에두아르와 클립스탱이 배를 탄 것은 금요일 밤이었다. 배는 토요일 아침에 출발할 예정이었지만 숙박비를 아끼려는 이들로 이미 만원을 이루고 있었다. 좁은 갑판에서는 몸싸움이 시작되었다. 몸을 누일 벤치를 차지하기 위해서였다. 건장한 두 청년은 다행히 자리를 선점했다.

그들은 벤치 주변에 짐을 층층이 쌓아 갑판에 부는 바람을 막았다. 그리고 몸을 뉘었다. 추위는 대충 막았지만 갑판은 잠을 청하기에 적합한 곳은 아니었다. 사람들은 밤새 카드놀이를 하고 시가를 피워댔다. 강물 위에서 보내는 밤은 흥분한 이들이 내지르는 소리와 탁자 두드리는 소리, 불평과 기침 소리로 채워졌다. 에두아르는 삼등석 표를 가진 그들과 달랐다. 나이 덕분에 학생 할인을 받기는 했지만 그는 언제나 이등석 표를 끊었다. 배에 오르면 선장에게 잘 보여 일등석 빈 자리로 옮기기 위해 노력했다. 그는 부르주아와 프롤레타리아의 삶 모두를 혐오했지만 전자가 훨씬 편하다는 사실을 매우 잘 알고 있었다.

다뉴브강을 따라

클라우디오 마그리스는 다뉴브강을 따라 여행하며 다음과 같이 말했다. "강은 늙은 도인과 같다. 강변을 따라가며 큰 바퀴 위에서도, 바퀴살 틈새에서도 가르친다." 다뉴브강은 유람선에 잠시 올랐다 내리는 관광객들은 알 수 없는 길이와 깊이를 가지고 있다. 그것은 독일 슈바르츠발트에서 발원하여 대륙을 관통하고, 흑해로 흘러든다. 강물은 독일, 오스트리아, 헝가리, 루마니아, 불가리아 등의 국경을 자유롭게 넘나든다. 수많은 문명과 인종이 이 강에서 역사를 만들어왔고, 셀 수 없이 많은 이들이 여전히 이 강을 삶의 터전으로 삼고 있다. 마그리스는 강을 따라가며 사람들의 삶과 문화를 경험했고, 중부 유럽의 정체성을 고민했다. 하지만 에두아르는 역사의 수레를 움직이는 거대한 바퀴를 전혀 상상하지 못했다. 단지 그는 『슬라브의 열병』에서 읽은 낯선 삶의 모습을 관찰하는 데 만족했다. 젊은 청년은 심오한 역사적 교훈을 상기하는 대신, 예술가 특유의 감수성과 관찰력을 활용했다. 그는 배에 오른 각 나라 사람들을 유심히 지켜보았다. 기착지에서는 마을 이미지를 사진기에 담았다. 이미 에두아르의 시대에, 바퀴 달린 큰 배들은 열심히 강을 오가며 여행자와 상인, 지역 주민을 실어 나르고 있었다.

다뉴브강

에두아르는 다뉴브강을 따라 중부 유럽을 여행했다. 유럽의 동서를 이어주는 다뉴브강은 독일의 바덴에서 발원하여 오스트리아, 헝가리, 루마니아, 불가리아를 거쳐 흑해로 흘러나간다. 에두아르는 강을 따라가며 민가와 민예품, 이국적인 삶의 모습을 관찰했다. 당시 그가 보고 배운 모든 것들은 훗날 그의 조형 언어가 되어 작품 속에 나타나게 된다.

증기선에는 정말 수많은 사람이 오르내렸다. 빈이라는 대도시의 화려한 문명에 놀란 눈빛은 물길을 따라 내려가면서 사그라졌고, 점차 일상의 표정이 나타났다. 에두아르는 기회를 놓치지 않고 사람들의 분위기와 옷차림을 관찰했다. 기착지를 경유할 때마다 승객과 함께 배 안 분위기도 바뀌어갔다. 그들이 사는 나라와 도시 역시 그러했다. 강줄기를 따라 순차적으로 나타나는 도시는 각기 다른 모습을 드러냈다. 에두아르는 유년시절 즐겨 읽던 『지그재그 여행』처럼 부쿠레슈티, 부다페스트, 베오그라드 같은 도시를 들러 호기심을 채웠다. 건장한 청년들은 증기선뿐만 아니라 말과 마차, 기차 같은 교통수단을 가리지 않았다. 심지어 먼 거리를 걷는 것도 마다하지 않았다. 그들은 엘 그레코의 흔적을 쫓아다녔다. 거리의 여인과 옹기 같은 민예품은 또 다른 관심사였다. 르코르뷔지에는 평생 여인의 누드를 그렸는데, 여행 중에도 그림을 쉬지 않았다. 누드 연습은 그의 예술에 큰 영향을 주었다. 신체의 유연한 곡선은 훗날 그의 회화를 지배하게 되었고, 이는 노년의 건축에 다시 활용되었다.

에두아르는 민속예술이 보편적인 예술 형태를 드러낸다고 믿었다. 그것은 현대의 어떤 예술 사조나 양식보다 오래되었고, 여행지 곳곳에서 다양한 모습으로 나타났다. 특히 헝가리 국경 마을인 버여에서 구입한 옹기는 에두아르와 끈질긴 인연을 맺었다. 작은 항아리는 진열된 상품이 아니었다. 버여의 도공은 자신이 제작한 옹기를 창고에 처박아두고, 기계로 대량생산을 한 제품들을 팔고 있었다. 양철통이 옹기를 대신하게 된 것이다. 양철통은 제작하기 쉽고, 무게도 가벼워 물을 긷고 운반하기에 훨씬 유리했다. 에두아르는 기행문에 "발전은 집요하고 아무도 그것에 저항할 수 없다"라고 썼다. 그는 도공의 창고에서 발견한 옹기를 시대 변화의 상징이자 미적 감상의 대상으로 삼았다. 그것은 쓰임새를 잃었지만 일생 건축가의 집 장식품이 되었다.

청년들의 수집벽은 곳곳에서 발동되었다. 그들은 각종 민예품을 수도 없이 사진기에 담았음에도 만족하지 못하고 결국 물건을 사들이기 시작했다. 세르비아 숄과 옹기 같은 물건이 차곡차곡 쌓여갔고, 여행 시작 보름 만에 여윳돈이 모두 소진되었다. 클립스탱은 더이상 맥주와 스테이크를 먹을 수 없다는 사실에 좌절했다. 하지만 에두아르는 여전히 현실감각을 찾지 못했다. 그는 중부 유럽의 민속예술에 완전히 사로잡혀 있었다. 돈은 얼마든지 아껴 쓸 수 있다. 젊은 청년에게 한뎃잠이 무슨 문제가 되었겠는가? 하지만 곧바로 마주하게 된 현실적인 문제 앞에서 그 역시 좌절하게 되었다. 불어날 대로 불어난 짐이 큰 골칫거리가 된 것이다. 청년들은 여행 기간 내내 무겁고 부피가 큰, 게다가 깨지기 쉬운 물건들을 이고 지고 다녀야 했다.

에두아르는 다뉴브강을 따라 여행하면서 시골 민가에 관심을 갖게 되었다. 시골 집은 아름답고 순수했다. 그것은 예쁘게 보이기 위해 형태를 왜곡하거나, 과도한 장식으로 치장하지 않았다. 소박하고 직선적인 건물에는 필요한 모든 것이 담겨 있었다. 각 집은 갈루초의 에마수도원처럼 아름다운 정원을 품고 있었고, 한적하고 평온했다. 붉은 대문과 흰 담장, 문 틈으로 보이는 초록빛 정원과 다채로운 꽃들. 동방의 주택과 인생은 인위적인 것 하나 없이 아름다웠다.

세르비아의 전통 가옥과 풍경

에두아르는 다뉴브강을 따라가면서 중부 유럽의 다양한 삶의 모습을 관찰했다. 특히 시골 민가에 관심을 보였는데, 단순하고 소박하면서도 필요한 모든 것을 담고 있는 모습에 깊이 매료되었다.

다뉴브강가에서 에두아르는 예술에 대한 심각한 고민 없이 여행을 즐겼다. 그는 세르비아 네고틴에서 결혼식 피로연에 끼어들었고, 부쿠레슈티에서는 거리의 여인을 따라다녔다. 터키 테키르다으에서는 클럽을 찾기도 했다. 때로는 싸구려 숙소의 불결함과 벌레를 피해 노숙을 하기도 했다. 그가 경험한 모든 것은 편지 형태로 기록되었고, 곧장 신문사로 보내졌다.

기행문에 대한 반응은 즉각적이었다. 아버지는 아들에게 편지를 보내 대체 무엇을 하고 돌아다니는지 다그쳐 물었다. 에두아르의 기행문은 화가, 시인, 풍경, 도자기 같은 다채로운 소재로 가득 차 있었지만, 정작 건축 관련 이야기는 찾아보기 힘들었다. 그의 여행에 건축이 빠진 것은 아니었으나 그가 건축을 공부하는 방식은 분명 특이했다. 그는 왕성한 호기심을 따라 부지런히 여행했고, 그가 본 모든 것은 훗날 그의 조형 언어가 되어 나타났다. 하지만 당시 20대 청년의 방랑벽을 이해하는 이는 그리 많지 않았다.

건축이냐 혁명이냐

에두아르는 오스만제국의 수도에서 약 51일을 보냈다. 동방의 대도시는 그만큼 매력적이었다. 그는 이 도시를 콘스탄티노플이라 불렀지만 터키인들은 오스만제국의 정복 이전부터 이스탄불이라 칭했다. 그간의 복잡한 역사를 반영하듯 기독교 성전은 이슬람 사원이 되었고, 도시 곳곳에 고대 그리스와 동로마제국과 오스만제국의 각종 유적이 혼재해 있었다. 게다가 이 도시는 유럽과 아시아 대륙에 걸친 특이한 지정학적 위치에 놓여 있었다. 에두아르와 클럽스탱은 '동방orient'이라는 단어를 명확히 정의하지 않았지만 이 이국적인 도시는 분명 그 범주에 포함되어 있었다. 그들은 처음부터 이스탄불에 대해 큰 환상을 품고 있었다. 청년들은 편한 육로를 마다하고 테키르다에서 작은 배에 올랐다. 이스탄불을 바다에서 처음 마주하고 싶었기 때문이다.

에두아르는 보스포루스해협을 배경으로 흰색의 찬란한 도시를 보게 될 것이라 기대했다. 하얀 입방체 위에 올라앉은 반구형 지붕과 하늘 높이 솟은 첨탑, 흰색 도시에 반사되는 태양 빛과 짙푸른 하늘의 조화. 그가 상상한 동방의 모습은 이러했다. 청년들은 환상이 실제 인상으로 이어지기를 기대하며 흔들리는 배 위에서 열세 시간을 버텼다. 그들은 젊었고, 낭만에 사로잡혀 있었다. 단 한 장면을 위해 온갖 수고를 무릅쓴 것이다. 긴 고생 끝에 드디어 도시가 모습을 드러냈다. 작은 모스크들에 이어 커다란 모스크가 나타났고, 아야소피아성당과 톱카프궁전이 위용을 드러냈다. 청년들의 배는 첨탑들이 높이 솟은 두 대륙 사이로 미끄러져 들어갔다.

잠시 뒤 드러난 이스탄불의 본모습은 기대와 달랐다. 그것은 흰색이 아닌 누런색이었다. 황금빛 모스크와 추적추적 내리는 비, 질척이는 도로, 무질서한 사람들, 관리되지 않아 지저분한 사원 담장, 비에 젖은 목조 주택. 오스만제국의 수도는 가까이 다가갈수록 비참한 현실을 드러냈다. 위풍당당했던 동로마제국 수도의 위용은 어디론가 사라지고 괴상한 거리 풍경만이 그들을 맞이했다. 에두아르는 마음이 무거워졌다. 그는 자신의 환상을 깨뜨리지 않기 위해 무언가 해야만 했다. 폭압적인 고용주를 싫어하지 않으려 노력했던 착한 청년은 잠시 도시를 떠나 있기로 결정했다. 그는 환경이 더 열악한 부르사로 여행을 다녀왔다. 그는 이후에야 비로소 이스탄불의 상대적인 아름다움을 확신할 수 있었다. 하루 이틀 사이에 도시가 변한 것은 아니었다. 다만 그것을 바라보는 그의 시선이 달라져 있었다. 에두아르는 이국적인 삶의 방식을 이해하고 그것에서 의미를 찾고자 했다. 건축은 이상이 아니라 현실에서 비롯되는 것이다. 그는 오랜 기간 오스만제국의 수도에 머물며 그들의 삶을 경험했고, 비로소 건축과 도시를 제대로 이해하게 되었다.

에두아르는 이스탄불에 대한 깊은 애정을 오래도록 간직했다. 심지어 그는 1933년에 이스탄불 도시계획안을 담은 편지를 무스타파 케말에게 보내기도 했다. 케말이 국부를 의미하는 '아타튀르크 Atatürk'라는 칭호를 얻기 불과 얼마 전의 일이다. 당시 르코르뷔지에는 현대적인 건축과 도시계획안으로 세계적인 명성을 얻고 있었다. 자신감에 찬 그는 도시 재건을 꾀하던 터키의 초대 대통령에게 도시계획 방향을 조언했다. 그는 전통을 지키면서도 현대적인 필요를 간과하지 않는 도시를 세우고 싶어 했다. 르코르뷔지에는 자신이 이 작업의 적임자라는 사실을 강조했다. 도시에 대한 애정과 도시계획 프로젝트에 대한 간절함이 지나친 나머지 그는 무료로 설계를 해주겠다는 제안까지 했다.

하지만 케말 아타튀르크는 르코르뷔지에가 아닌 프랑스의 또 다른 건축가인 앙리 프로스트에게 공화국 수도를 맡겼다. 다이너마이

석양 무렵의 이스탄불

에두아르는 고대 그리스, 동로마제국, 오스만제국의 유적이 혼재한 이스탄불에서 50일 이상을 보냈다. 그는 유럽과 아시아 문화가 공존하는 이 이국적인 도시에 큰 애정을 가지고 있었다. 특히 석양 무렵의 도시 풍경을 좋아했고, 이를 바다 위에서 보기 위해 육로 대신 열세 시간이나 걸리는 뱃길로 이스탄불을 찾았다.

트와 불도저로 파리의 3분의 1을 밀어버리고 새 도시를 지으려 했던 과격한 인물보다는 온건하고 다루기 쉬운 건축가와 일하는 편이 훨씬 나았을 것이다. 당시 르코르뷔지에는 파리 도시계획안인 '부아쟁 계획Plan Voisin'의 과도한 급진성 때문에 유명세와 오명을 동시에 얻고 있었다. 오늘날 이스탄불의 모습을 보면 터키인의 선택이 옳았다고 말하기는 어렵다. 프로스트는 정부 입김에 휘둘렸고, 그의 온건하고 절충적인 도시계획은 성공을 거두지 못했다. 게다가 도시의 급속한 팽창을 예측하지 못한 탓에 이스탄불은 무질서하게 확장되었다.

르코르뷔지에는 케말 아타튀르크에게 편지 보낸 일을 두고두고 후회했다. 그는 자신이 선택받지 못한 이유가 편지 내용 때문임을 정확히 알고 있었다. 르코르뷔지에의 편지는 그의 평소 성정이나 건축 스타일과 전혀 다른 제안을 담고 있었다. 갓 혁명에 성공한 정치인에게 이스탄불을 있는 그대로 두라고 조언한 것이었다. 심지어 그는 수백 년간 쌓인 먼지도 치워서는 안 된다고 강조했다. 이는 구체제를 뒤엎고 새로운 국가를 건설하려던 혁명가가 도저히 받아들일 수 없는 제안이었다. 당연히 그는 선택받지 못했다.

평소 르코르뷔지에는 건축으로 세상을 바꾸고자 했다. 그는 '건축이냐, 혁명이냐'를 물었고, '혁명은 피할 수 있는 것'이라 생각했다. 건축이 현실 문제를 해결하고, 과거의 것을 새로운 것으로 대체할 수 있다면 말이다. 하지만 이스탄불에 대한 그의 태도는 너무 온건했다. 스위스 시골 출신의 이 건축가는 혁명가의 욕망을 제대로 읽어내지 못했고, 지역의 민속 문화에 대한 지나친 사랑에 빠져 있었다. 반면 곳곳에서 식민지를 경영한 제국의 건축가는 공화국이 원하는 것을 제대로 이해했다. 프로스트는 유적을 보존하면서도 과거 유산과의 완전한 단절을 원했던 케말 아타튀르크의 의중을 정확히 간파했다. 그는 온건한 절충주의자였고, 그 덕분에 우리는 아야 소피아성당을 쉽게 드나들 수 있게 되었다. 이 비잔틴 성당은 오늘날 박물관으로 활용되고 있다. 르코르뷔지에는 정치의 속성을 너무 몰랐고, 이스탄불을 너무 사랑했다. 그렇다고 그가 순진한 이상주의자였던 것은 아니다. 그는 젊은 시절부터 건축과 도시 프로젝트를 위해서라면 어떠한 희생도 치를 준비가 되어 있었다. 때때로 그의 의지는 무서울 만큼 강하게 표출되었다.

한편 에두아르는 터키에 머문 50여 일 동안 수차례 화재를 경험했다. 오래된 목조 주택이 복잡하게 뒤얽힌 구도심에서는 화재가 자주 일어났다. 크고 작은 불은 도시의 일상이었다. 오죽하면 도시 모습이 4년마다 한 번씩 바뀐다는 말이 나왔겠는가. 에두아르는 초대형 화재를 겪으면서도 태연했다. 그는 "날름거리는 불꽃 속에서 알라의 굳건한 사원이 그 어느 때보다 희고 신비롭게" 반짝이는 것을 경험했다. 건축가는 모든 것을 집어삼키는 화마 앞에서 숭고함을 느꼈다. 그의 예술적 감성은 일상의 공포 앞에서도 변함없이 작동했다. 직업 정신 역시 마찬가지였다. 그는 화마의 이중성을 잘 알고 있었다. 불은 모든 것을 앗아가지만 새로운 도시를 건설하려는 건축가에게 이는 더할 나위 없이 좋은 기회가 된다. 그의 이상한 직업 정신은 훗날 두 차례의 세계대전 중에도 발동했다. 그는 전쟁 난민을 안타까워하면서 그들을 위한 도시 건설 프로젝트에 박차를 가했다. 제2차 세계대전 중에는 폭격으로 초토화된 생디에에서 완전히 새로운 도시를 꿈꾸기도 했다. 위대한 건설자는 먼저 잔인한 파괴자가 되어야 한다. 하지만 폐허 위에서라면 사정은 달라진다. 건축가는 더 이상 악역을 맡을 필요가 없다. 그는 한없이 윤리적이고 인도적인 모습으로 거대 프로젝트라는 자신의 욕망을 채울 수 있을 것이다. 에두아르는 자신의 손을 더럽히지 않고 선한 의지를 드러낼 수 있는 재난 현장에 언제나 관심을 두었다.

재난 현장에서 창조의 기회를 모색하는 건축가를 공감 능력 부족이나 정서적 결핍 등으로 몰아붙일 필요는 없다. 에두아르는 피해를 안타까워했고, 난민에게 연민을 드러냈다. 다만 그는 직업 정신에 투철했고, 지나치게 예술적이었을 뿐이다. 젊은 예술가는 참혹한 현장을 언제나 아름다운 언어로 묘사했다. 클립스탱이 미출간된 원고에서 화재 원인과 상황을 날카롭게 분석한 반면, 에두아르는 잔혹하고 장엄한 광경을 마치 영화 장면처럼 묘사했다. 심지어 그는 자신에게 닥친 위험 앞에서도 아름다운 장면에 빠져들었다.

두 청년이 여행을 떠난 시기 남서 유럽은 콜레라로 어려움을 겪고 있었다. 청년들은 전염성 강한 세균을 별로 개의치 않았으나, 오

이스탄불의 거리

르코르뷔지에는 이스탄불에 대한 애정을 오랫동안 품고 있었다. 그는 4년마다 도시 모습이 바뀐다는 말이 나돌 정도로 화재가 잦고 번잡한 이곳에 질서를 부여하고자 했다. 오랜 전통이 살아 숨 쉬는 도시의 유적을 보호하는 것은 건축가의 시급한 임무였다. 르코르뷔지에는 훗날 케말 아타튀르크에게 이스탄불의 도시계획을 제안하지만 안타깝게도 거절당하고 만다.

스만튀르크와 그리스 보건 당국은 달랐다. 배는 격리되기 일쑤였고, 두 청년은 바다 위에서 도시를 구경하는 호사를 누렸다. 에두아르는 편지 보낼 돈이 없을 만큼 경제적으로 쪼들렸고, 이를 현실 고통으로 인지했다. 하지만 콜레라나 화재 같은 것들은 대수롭지 않게 여겼다. 그는 고통을 직접 겪기 전에는 그것에 완전히 무감각했다. 청년들은 이스탄불에서 아토스산을 향해 출항한 첫날 배에 갇혔다. 하지만 그들은 오히려 바다 위 도시 풍경을 즐기며 밤을 보냈다. 에두아르는 도시의 실루엣에 완전히 매료되었다. 잔잔한 파도와 해변 뒤로 멀리 솟은 모스크는 마치 그림 속 풍경 같았다. 그는 하얀 도시와 여섯 개의 첨탑이 햇살 아래 나타나기를 기다리면서 도시에 처음 도착했을 때처럼, 그리고 아시아와 유럽 대륙을 잇는 다리 위에서 안개 낀 보스포루스해협을 감상할 때처럼 모든 장면을 이미지로 기억했다.

풍경 앞에서 우리의 지각은 감정적인 것이 된다. 돌로 된 건축은 이미지가 되어 우리에게 스며들고, 정신과 감성의 경계 역시 흐릿해진다. 에두아르는 바다 위에서 이스탄불의 풍경에 다시 한번 빠져들었다. 그는 오랜 기간 이스탄불에서 삶과 건축을 배웠다. 화재와 전염병, 크고 작은 테러를 경험하면서도 그는 이 도시에 대한 환상을 잃지 않았다. 이스탄불은 이국적인 문화와 예술의 기원을 보여주는 '동방'의 일부였다. 비판적 이론가 에드워드 사이드는 '동방'이라는 단어가 '유럽인의 발명품'이라고 했는데, 에두아르의 여행 경로를 보면 그리 틀린 말은 아닌 것 같다. 에두아르에게 동방은 지정학적 실체가 아니라 그저 '타자'에 불과했고, 미지의 세계이자 환상의 장소였다. 그는 예술의 기원을 찾아 여행을 다니며 이국적인 동방에 대한 호기심을 동시에 해소했다.

에두아르는 전형적인 유럽 백인 남성이었다. 그는 고대 그리스·로마 문명과 그 양식의 이상에 사로잡혀 있었다. 그는 기하학 형태와 정돈된 비례를 선호했다. 화려하고 장식적인 이슬람 건축에서도 기하학 형태에만 집중했다. 그의 눈에 모스크는 직사각형, 정사각형, 구 같은 기초적인 형태로 구성된 것처럼 보였다. 그는 아토스산과 아크로폴리스를 찾았을 때도 같은 감상을 드러냈다. 그의 건축 이해는 밤바다 풍경 감상과 달랐다. 터키에서도 그리스에서도 그는 자신에게 익숙한 것을 건축에 투영했다.

에두아르는 도시의 모든 건축물에서 기하학 형태를 보았고, 그것이 예술의 공통된 기원이라 믿었다. 모스크를 정육면체와 반구의 결합으로 이해했던 그는 아토스산을 수평선 위의 피라미드로 간주했다. 여행 당시 그는 빌헬름 보링거의 『추상과 감정이입』을 탐독했다. 보링거는 기하학 형태가 세상의 혼란과 모호함 속에서 일관성을 유지하기 위한 노력의 산물이라고 생각했다. 그는 기하학적인 추상화 과정 없이 단순히 자연을 모방하는 활동을 단호히 거부했고, 순수한 추상을 추구하는 것이 가장 원초적인 예술 충동이라고 믿었다. 에두아르는 이에 전적으로 공감했다. 다뉴브강가의 각 도시에서 본 민예품과 이스탄불의 이슬람 사원, 그리스 신전과 교회 건축을 잇는 단 하나의 연결 고리는 바로 기하학 형태였다. 그는 보편적인 예술의 원리를 보링거의 책에서 발견했고, 이를 여행에서 본 모든 건축물에 투영했다. 자연의 모든 것이 원과 원통, 원뿔로 구성되어 있다는 폴 세잔의 주장에서 현대미술이 시작되었듯이, 기하학 형태는 현대건축이 탄생하는 계기가 되었다.

아크로폴리스에 오르다

아름다운 풍경에서 낭만을 찾는 두 청춘의 태도는 그리스에서도 이어졌다. 에두아르는 바다에서 아토스산과 처음 마주했다. 그는 수평선 위로 우뚝 솟은 산의 형태를 밝은 햇살 속에서 감상했다. 그에게 기하학 형태는 단순히 수평과 수직, 길이나 높이 같은 것을 의미하지 않았다. 그는 대상의 입체감과 충만함, 공간감을 살폈고, 그것이 뿜어내는 색채의 리듬을 감상했다. 풍경은 그렇게 그의 감각과 연결되었다. 아토스산의 이미지는 배에 오른 순례자 모두를 압도했다. 아토스산은 자신을 바치기로 서원하고 일생 그곳에서 헌신하다 죽어간 수많은 수도사들의 땅이었다. 이곳에는 여인도, 아이도, 당나귀 새끼도, 심지어는 어린 비둘기도 없었다. 에두아르는 서글픔과 기쁨을 동시에 느끼며 이곳에서 약 18일을 머물렀다.

아토스산의 수도원

동방정교회의 성지인 아토스산에는 스무 개의 수도원이 자리하고 있다. 에두아르는 이 산에서 수도사의 생활을 경험하고 홀로 묵상하며 자신의 내면과 마주했다. 이곳에서 건축은 지친 삶을 위로하고 그것에 숭고한 의미를 부여해주었다. 에두아르는 이를 영혼의 건축이라고 불렀다.

에두아르는 아토스산의 수도원과 기도원을 오가며 수도사들의 노동과 공동체 생활을 경험하고, 홀로 묵상하는 시간을 보냈다. 그는 이곳에서 처음으로 자신의 내면을 진지하게 바라볼 수 있었다. 젊은 청년은 스무 살에 여행을 떠나 지금껏 타지를 떠돌았다. 건축과 예술에 바친 인생은 자신을 돌아볼 여유를 주지 않았다. 그는 오랜 시간 묵상했고, 이전에 느끼지 못한 깊은 고독을 경험했다. 그리고 문득 자신의 고독을 열정적으로 안아주고 싶은 욕망을 느꼈다. 그는 수도사가 아니었기에 이곳 아토스산에서 신을 만날 필요가 없었다. 대신 청춘의 희열과 고독을 동시에 경험했다. 드높은 하늘과 저녁 늦게까지 남아 있는 태양의 온기는 그를 따뜻하게 감싸주었다. 건축가는 그 품에서 회한의 눈물을 흘렸다.

이것이 종교적인 체험이었는지는 불분명하다. 다만 에두아르는 이 경험을 이미지로 기억했다. 아토스산은 끝없이 높았고, 바다가 반사하는 빛 때문에 산 밑은 마치 빛 한가운데에서 부유하는 듯했다. 그것은 마치 무한의 공간을 떠다니는 듯한 인상이 들게 했다. 그는 "철근과 콘크리트를 강렬한 카덴차로 혼합하기를 꿈꾸며 이곳까지 밀려왔다". 아토스산은 그런 그를 위로했고, 무엇보다 지친 삶에 숭고한 의미를 부여하는 법을 알려주었다. 미사, 노동, 묵상, 공동 식사, 손님 접대 같은 수도사의 삶은 그 자체로 상징적인 종교 활동이었는데, 에두아르의 건축 역시 그래야 했다. 수도사에게 빵이 그리스도의 몸인 것처럼, 철근콘크리트 건축은 단순한 구조물이 아닌 삶을 위한 성전이 되어야 했다. 그는 이곳에서 영혼을 위한 건축과 마주했다. 아토스산의 예배당은 "기도와 찬송이 하늘에 도달하도록 형태와 색에 신경 쓰고, 외부에서 들어오는 빛의 리듬을 신중하게 배치하고 있었다". 젊은 건축가는 고대건축가가 맡은 성스러운 임무를 자신의 시대에 수행하고자 했다. 갈루초의 에마수도원을 방문했을 때처럼 그는 "젊은이다운 용기를 가지고 정직한 건축가가 되고자 하는 욕망"에 사로잡혔다. 고요한 성소는 그의 사명을 일깨웠다. 그는 동방의 사원이 알려준 건축의 순수함을 평생 지켜가기로 마음먹었다.

에두아르는 이후로도 몇 년간이나 아토스산의 압도적인 기억에 사로잡혀 지냈다. 그는 아토스산을 떠날 때 다시는 이곳을 찾지 못할 것임을 직감했다. 그래서인지 산은 청년들을 쉬이 놓아주지 않았다. 두 청년은 배 시간을 기다리며 8일을 지체했다. 다음 목적지인 아테네 입성 역시 쉽지 않았다. 콜레라가 갈 길 바쁜 청년들의 발목을 잡았다. 그들은 피레우스항을 목전에 두고 성조지섬에 4일간 격리되었다. 에두아르는 바다 위에서 마주하게 될 신전의 모습을 상상하며 뜨거운 태양을 견뎌냈다. 이윽고 눈앞에 나타난 아티카는 기대를 저버리지 않았다. 히메투스산과 펜텔리쿠스산의 곡선과 올리브 나무, 거친 바위와 황갈색 대지가 놀라운 광경을 만들어냈다. 태양은 대지에 색을 입혔고, 저 멀리 아크로폴리스의 직육면체 신전은 현실을 초월한 듯 보였다.

에두아르는 이 광경을 끝없이 동경해왔다. 그의 라틴 감성과 그리스·로마에 대한 환상은 이 언덕에서 시작된 것이었다. 젊은 청년이 항구에 도착하자마자 아크로폴리스로 내달렸을 것이라 추측하는 것은 어렵지 않다. 하지만 그는 그러지 않았다. 정확히 말하자면 그러지 못했다. 언덕 위 신전과 마주하는 것은 그의 오랜 꿈이었지만 동경의 크기만큼 주저함도 컸다. 그는 언덕을 오르는 대신 카페에 앉아 하루를 보냈다.

건축은 그 공간에 들어서야만 제대로 경험되는 예술이다. 이 불편한 예술은 언제나 기대 이상의 환희를 주거나 그만큼의 실망을 준다. 젊은 건축가는 약속의 땅을 목전에 둔 순례자처럼 기대와 불안 사이를 오가며 주체할 수 없는 감정을 다스렸다. 그는 카페에 앉아 커피를 연거푸 들이켰다. 아토스산과 성조지섬에 갇혀 있는 동안 그의 우편물이 아테네 우체국에 도착해 있었다. 그는 서신을 차례로 읽어나갔다. 고개만 돌리면 언덕 위 신전이 눈에 들어오는 카페에서 손에 든 편지가 제대로 읽혔을 리 없다. 하지만 청년은 흥분된 마음을 애써 가라앉혔다. 그리고 지금까지의 여행을 되돌아보았다. 예술의 기원과 본질을 찾아 헤매고, 이국적인 문화와 삶의 모습을 관찰하면서도 그는 파르테논신전과 마주하게 될 지금 이 순간을 애타게 기다려왔다. 이제 그는 왜 하필 이 신전이었는지 묻고 있었다. 그는 베렌스의 사무소에서 이 신전을 숱하게 그리면서 이 건축물이 예술의 척도이자 미의 기준이라는 확신을 가지게 되었다. 분명 파르테논신전은 아름다웠고 특별했다. 하지만 다른 건축물 역시마찬가지 아닌가? 그는 여행 중 마주한 민가와 모스크, 아야소피아 성당에도 여러 차례 감탄을 보냈다. 아토스산의 예배당에서는 황홀경을 경험하기도 했다. 그것들은 각기 다른 시대, 다른 나라, 다른 사람들의 작품이었지만 한결같이 훌륭했다. 그렇다면 파르테논신전이 특별한 이유는 무엇인가? 도대체 왜 사람들은 이 신전을 최고의

아크로폴리스

아크로폴리스는 에두아르가 지향한 건축의 이상향이었다. 바다를 바라보는 언덕 위에 위엄 있게 솟은 건축은 숭고했고, 그것이 견뎌온 세월 역시 깊은 울림을 주었다. 에두아르는 먼 훗날 롱샹 언덕에서 이러한 경험을 재현할 기회를 얻게 된다.

예술로 꼽는 것일까? 그는 자문했고, 도저히 답을 찾을 수 없었다. 아마 이 질문에 답할 수 있는 지혜는 그의 인생보다 몇 곱절을 산 예술가도 가지지 못했을 것이다. 그는 건축을 시작한 지 채 5년도 되지 않은 스물세 살의 청년에 불과했다. 낙담한 젊은이는 해가 지기만을 기다렸다. 저 언덕 위의 해가 진다면 카페에서 주저하고 있는 현재 상황도 종료될 것이다. 위대한 작품을 목전에 두고 달리 그가 할 수 있는 일은 없었다. 다행히도 어둠이 찾아왔다. 신전 역시 눈앞에서 사라졌다. 청년은 고민과 시름을 내려놓고 잠자리에 들었다.

에두아르는 다음 날 언덕에 올랐다. 프로필라이아를 넘을 때까지 그의 불안은 계속되었다. 하지만 눈앞에 나타난 신전은 모든 번민을 한 번에 종식시켰다. 돌로 된 기반부에서 위로 높이 솟아오른 신전은 웅장하고 아름다웠다. 그것은 모든 것을 압도했고, 말 그대로 우월했다. 수천 년간 방치되고, 약탈당하고, 심지어 폭발 사고까지 겪었지만 그것은 여전히 위엄을 잃지 않았다. 에두아르는 제대로 관리가 되지 않아 쓰러진 기둥과 나뒹구는 파편에서도 깊은 울림을 느꼈다. 그는 진정한 예술을 품은 언덕에 올라 있었다. 두 발로 대지를 딛고 몸으로 공간을 경험하는 것은 오직 건축만이 주는 경험이다. 에두아르는 돌기둥이 신성한 공간을 만들어내고, 대지에서 예술의 세계가 열리는 장면을 직접 목격했다. 그는 알 수 없는 흥분을 느꼈다. 그것은 이전의 불안과는 비교도 할 수 없을 만큼 큰 환희의 감정이었다.

따가운 마지막 햇살이 지나가고 감미로운 석양이 다가올 때까지 청년은 그곳을 벗어나지 못했다. 짙은 어둠에도, 경비원의 날카로운 호루라기 소리에도 그가 느낀 전율은 사라지지 않았다. 신을 위해 지은 이 위대한 건축물에서 쫓기듯 나왔지만 흥분은 전혀 가시지 않았다. 그는 고조된 감정을 가라앉히기 위해 거리를 걷고 또 걸었다. 클립스탱 역시 그 감정을 이해하는 듯했다. 두 청년은 침묵을 지키며 밤새 시내를 돌아다녔다.

에두아르는 아테네에 머무는 동안 매일 아크로폴리스에 올랐다. 파르테논신전은 한결같이 그의 마음을 부풀게 했다. 그는 시력에 심각한 문제가 있었지만 공간을 경험하고 아름다움을 느끼는 데 전혀 문제가 없었다. 신전은 사람이 세웠다기보다는 땅속 깊은 곳에서 솟아난 것 같았다. 세로 홈이 파인 기둥들은 마치 하나의 돌에서 자라난 듯 위로 힘 있게 솟구쳤고, 바닥 면은 저 먼 바다의 수평선과 하나로 이어졌다. 수직과 수평, 안과 밖, 신과 인간, 고대건축과 현대건축가를 연결하면서 신전은 그렇게 수천 년을 버티고 있었다. 에두아르는 옛 건축가의 성취에 감탄했다. 그들은 탁월한 솜씨로 대리석이라는 죽은 재료에 생생한 형태를 부여했다. 기하학적 조화와 수학적 정밀성, 돌을 다루는 솜씨, 깊은 울림과 환상적인 공간. 신전은 어느 것 하나 나무랄 데 없어 보였다. 그것은 보이지 않는 세계를 열어주었고, 젊은 건축가에게 예술의 기원을 보여주었다. 언덕 위 신전은 그의 감각과 이성 사이를 깊이 파고들었다.

에두아르는 파르테논신전 앞에서 행복과 두려움을 동시에 느꼈다. 고대인의 놀라운 성취는 젊은 건축가에게 큰 부담이 되었다. 어느 순간부터 그는 자신의 시대를 이 위대한 걸작에 비춰 보고 있었다. 과연 진보란 무엇인가? 그것은 무엇을 이루었는가? 그는 묻고 또 물었다. 젊은 건축가는 현대건축이 이 대리석 신전에 비견할 만한 작품을 남길 수나 있을지 두려워졌다. 문명이 발달하고 기술은 진보하고 있지만 건축이라는 예술만큼은 오히려 퇴보하는 듯했다. 진보에 대한 신념이 단지 착각은 아니었을까? 그는 어느 누구도 언덕 위 신전보다 나은 결과물을 만들어내지 못할 것이라 생각했다. 회의는 곧 두려움으로 바뀌었다. 다시는 건축을 할 수 없을 것 같다는 생각이 자꾸 들었다. 에두아르는 걸작 앞에서 너무나 무기력한 자신이 부끄러워졌다. 그는 그저 철근콘크리트 건축의 가능성을 찾아 헤매는 신출내기에 불과했다. 하지만 건축이라는 예술은 그 이상을 요구하고 있었다.

지금껏 에두아르는 새 시대에 어울리는 새로운 건축을 하고자 했다. 아크로폴리스는 그런 그에게 분명한 방향을 보여주었다. 그는 추한 진보가 아니라 조화로운 예술에 대한 강렬한 열망에 사로잡혔다. 그는 메마른 이론만을 설파하는 혁명가가 되기보다는 건축으로 진리를 드러내겠다는 신념을 가지게 되었다. 밝은 태양과 드넓은 바다, 고색창연한 빛을 뿜어내는 대리석과 기하학 형태들, 그리고 언덕 위 하얀 신전. 이 앞에서 더 이상의 문명 탐구는 필요하지 않았다.

그는 이집트 피라미드에 대한 궁금증을 뒤로한 채 칼라브리아로 향하는 배에 올랐다. 옛 성소들은 그에게 커다란 두려움을 안겨주었고, 저 멀리 앞으로 펼쳐진 바다는 그의 도전을 기다리고 있었다. 젊은 건축가는 자기 예술에 대한 진지한 고민을 이어갔다. 그는 반년이 넘는 동안 충분히 많은 것을 보고 경험했다. 이제 그는 예술의 기원과 자신이 이루려는 것 사이의 어딘가에서 현실을 고민해야 했다. 호기롭게 떠난 여행은 무거운 질문이 되어 돌아왔다. 과연 현대 예술은 어떠해야 하는가? 그는 자기 예술에 대한 진지한 질문을 품은 채 현대 문명 속으로 회귀했다.

　동방 여행은 에두아르를 건축가로 거듭나게 했다. 그는 여행을 통해 비로소 제대로 된 질문을 던질 수 있게 되었다. 대리석이니 철근콘크리트니 하는 것은 문제가 아니었다. 언덕 위 신전은 그 앞에 펼쳐진 바다처럼 수천 년간 그 자리에 있었고, 여전히 진실을 말하고 있었다. 그의 건축이 나아갈 길은 명확했다. 굳건히 서서 사람의 마음을 사로잡고, 감각적 기쁨을 영원으로 승화시키는 시적인 건축. 동방 여행은 건축이 무엇을 해야 하는지 보여주었고, 에두아르를 진정한 건축가로 거듭나게 했다. 언덕 위 신전에서 예술의 본질을 경험한 건축가는 이제 방법을 고민하기 시작했다.

새로운 정신

원시 오두막에서 돔이노로

전쟁은 모든 이를 실존의 문제와 맞닥뜨리게 한다. 비록 그것이 먼 타국의 일이라고 해도 고통과 연민은 모두를 비극으로 몰아넣는다. 에두아르는 마르세유로 향하는 기차 안에서 처음 이 비극과 마주했다. 제1차 세계대전으로 전 유럽이 고통을 받고 있을 때였다. 독일, 오스트리아, 프랑스뿐 아니라 발칸반도 전체가 전쟁의 포화에 휩싸였다. 모두 에두아르가 얼마 전 여행한 장소들이었다. 그나마 스위스는 전쟁의 포화에서 비켜나 있었다. 스위스는 영세 중립국의 지위를 지키며 프로이센과 프랑스의 국경 침범 위기에 현명하게 대처했다. 물가가 천 정부지로 치솟았지만, 집 앞에 포탄이 날아들고 사람이 목숨을 잃는 다른 나라에 비하면 참을 만한 상황이었다.

에두아르는 왼쪽 눈 때문에 병역 의무를 지지 않았고, 고향에서 스승 레플라트니에르와 도시계획을 연구했다. 그들은 프로이센 통치 시절 재건된 라쇼드퐁을 좀 더 살기 좋은 곳으로 바꾸고 싶어 했다. 특히 에두아르는 '돔이노Dom-ino'라 이름 붙인 새로운 주택 건설 방법을 고민하고 있었다. 그는 오귀스트 페레의 조언을 듣기 위해 길을 나섰다.

리옹을 거쳐 마르세유로 향하는 동안 기차 안은 고통스러운 공간으로 변해갔다. 객실은 부상병으로 넘쳐났고, 가족을 잃은 여인의 울음소리가 끊이지 않았다. 에두아르에게는 이 상황이 비현실적으로 느껴졌다. 타인의 고통 앞에서 그는 작고 무력했다. 그는 기차 안에서 장미꽃을 계속 샀다. 꽃은 피해 복구 비용 마련을 위해 판매되고 있었다. 유럽 각 도시는 전쟁으로 폐허가 된 상태였다. 셀 수 없이 많은 주택이 파괴되고, 도시는 폐허가 되었다. 집을 잃은 이들은 짐을 싸들고 거리를 배회했다. 난민 수도 덩달아 늘어났다. 마르세유로 향하는 몇 시간 동안 에두아르의 테이블에는 꽃이 수북이 쌓였다. 그는 무기력한 존재가 되지 않기 위해 무엇을 해야 할지 분명히 인식하고 있었고, 건축으로 세상을 위로하고 치유하고자 했다. 그는 돔이노를 활용하겠다는 각오를 다졌다.

에두아르는 마르세유에서 페레와 반가운 해후를 했다. 그들은 큐비즘에 대해 논쟁하고, 다게레오타이프의 사진술이 예술에 가져온 변화를 논했다. 카메라보다 그림을 더 잘 그릴 수 없었던 화가들은 특이한 시도를 하고 있었다. 당시 화가들은 기계와 경쟁하는 대신 형태를 해체하거나 재조합했고, 다양한 색채와 형태 실험을 수행했다. 이렇듯 현대미술은 빠르게 변화하고 있었지만 오직 건축만큼은 속도가 느렸다. 근대건축은 르코르뷔지에의 등장 이후에야 비로소 전성기를 맞게 되는데, 그만큼 더 강력하고 지속적인 영향력을 발

철근콘크리트 건축의 기본 구조가 된 돔이노

2014년 베니스 건축 비엔날레는 돔이노 구조의 탄생 100주년을 기념해 실제 크기의 모델을
제작해 선보였다. 슬래브와 기둥만으로 구성된 이 간단한 구조는 주택의 대량 공급을 꿈꾸던
르코르뷔지에의 효율적인 도구가 되어주었을 뿐 아니라, 현대 건축의 기본 구조로 자리잡게
되었다.

휘하게 된다. 에두아르는 돔이노 시스템을 페레에게 열심히 설명하면서도 이것이 가져올 성취를 전혀 예상하지 못했다. 돔이노 구조의 확장 가능성을 간파한 것은 오히려 페레였다. 그는 이 시스템이 "매우 훌륭하다"며 그것이 주택뿐만 아니라 공장, 학교, 관공서 같은 다른 건물에도 적용될 수 있을 것이라는 암시를 주었다.

돔이노는 말 그대로 주택을 효율적으로 짓기 위한 공법이었다. 에두아르는 집을 의미하는 라틴어 '도무스domus'에 혁신을 의미하는 '이노베이션innovatoin'을 조합해 '돔이노'라는 이름을 만들었다. 1914년에 이를 처음 착안한 그는 이듬해부터 엔지니어 막스 뒤부아와 함께 본격적인 연구에 나섰다. 뒤부아는 라쇼드퐁에서 동문수학한 친구였다. 에두아르는 뒤부아가 파리에 철근콘크리트 시공 회사를 차리자 곧바로 협업을 제안했다. 엔지니어는 새로운 재료와 공법이 속속 등장하는 현대건축에 꼭 필요한 존재였다.

돔이노 주택은 산업사회에 걸맞은 재료와 구조로 이루어졌다. 벽돌을 쌓아 올린 옛 주택과 다르게 에두아르의 돔이노 구조는 간결했다. 그것은 철근콘크리트 기둥과 슬래브와 계단만으로 구성되었다. 이 기본 골조는 마치 레고블록을 쌓는 것처럼 간편하게 올릴 수 있었다. 에두아르는 구조만큼이나 간결한 건설 방식을 선호했다. 가로 6미터, 세로 9미터의 바닥 면에 4미터 간격으로 기둥 여섯 개를 세우고, 그 위에 슬래브를 얹으면 건물 한 층이 완성되었다. 이 작업을 위로 반복하면 층수가, 옆으로 반복하면 면적이 늘어날 것이다. 페레의 말처럼 이론상 돔이노는 위로도 옆으로도 확장이 가능했다.

평면 또한 유연했다. 이 간편한 구조는 기둥이 하중을 받게 되어 있었다. 내력벽이 없어 자유로운 공간 구획이 가능했다. 게다가 기둥이 슬래브 바깥이 아니라 안쪽에 세워져 집주인이 벽의 형태나 재료, 위치를 마음대로 정할 수 있었다. 건물 안과 밖은 유기적으로 연결되었고, 도미노처럼 끝없이 이어질 수도 있었다. 표준화는 이 주택의 더 큰 장점이었다. 규격화된 돔이노 구조는 부품을 조립하듯 쉽게 지어질 수 있었고, 어디에나 세워질 수 있었다. 대량생산에 맞서 장식을 공부하던 라쇼드퐁 미술학교 장학생은 이제 정반대편에서 재능을 발휘하고 있었다. 그는 건축의 표준화와 대량생산을 꿈꾸었다.

에두아르의 주택은 매우 '순수'했다. 그것은 간결한 구조 자체였다. 힘들게 벽돌을 쌓지 않아도, 과도하게 장식을 하지 않아도 건축은 제대로 기능했다. 건축가와 엔지니어가 함께 탄생시킨 가벼운 구조는 무너지지도 흉해 보이지도 않았다. 그것은 오히려 효율적, 기능적이었고 공간 변화와 확장도 가능했다. 바닥과 기둥, 계단의 조합만으로 이 모든 것이 가능했다. 원시 오두막을 이상적인 건축이라 생각한 마크앙투안 로지에처럼 에두아르는 자연스럽고 기능적인 건축을 선보였다.

최초의 건축 이론서를 쓴 비트루비우스 이래 원시 오두막은 건축의 원형으로 간주되었다. 본래 건축은 잎이 무성한 나뭇가지가 기울어져 비를 막아내고 그늘을 드리우는 것을 흉내 내면서 시작되었다. 로지에는 이 모습을 상상하여 삽화를 그렸다. 나무 기둥에 보를 걸쳐놓고 그 위에 경사 지붕을 올린 오두막 구조는 건축이 원래 어

원시 오두막

장자크 루소와 동시대를 살았던 최초의 근대건축 이론가인 마크앙투안 로지에가 그린 원시
오두막의 모습이다. 로지에는 나무 기둥에 보를 걸쳐놓고 그 위에 경사 지붕을 올린 원시 오
두막의 구조를 이상적인 건축이라 생각했다. 애두아르는 원시 오두막만큼이나 간결한 돔이노
시스템을 선보임으로써 잃어버린 건축의 본질을 되살리고자 했다.

떠했는지, 그리고 어떠해야 하는지를 분명히 보여주고 있었다. 로지에의 오두막은 기본 구조만으로도 충분했다. 벽과 장식은 이 원시 건축에서 단지 부차적인 요소에 지나지 않았다. 장 자크 루소가 '자연'과 '자유'를 강조하던 시대에 로지에는 건축의 본질과 기원을 고민했고, 에두아르보다 훨씬 앞서 그와 유사한 결론에 도달했다.

원시 오두막은 순수하고 진실했다. 나무 기둥에 보를 걸쳐놓은 로지에의 건축은 벽기둥으로 위장한 르네상스의 가짜 건축과 달랐다. 르네상스 건축가들은 그리스 신전을 흉내 내기 위해 벽에 기둥을 붙인 엉뚱한 양식을 발전시켰다. 힘을 받지 않는 기둥은 단지 벽에 붙인 장식과 다를 바 없었다. 만약 괴테 같은 예민한 비평가가 그 시대를 살았다면 이런 거짓 양식이 퍼지는 것을 막기 위해 무슨 짓이든 했을 것이다. 하지만 괴테는 너무 늦게 태어났고, 구조의 결함을 숨기는 장식 전통은 에두아르의 시대까지 계속되었다. 장식은 건축의 본질을 흐리고 있었다.

에두아르는 오래전 무너진 건축의 정신을 다시 일으켜 세우고 있었다. 그의 건축은 그리스 신전 못지않게 기하학적이었고, 그 구조는 로지에의 오두막만큼이나 간결했다. 돔이노 시스템은 새 시대의 건축양식과 새로운 정신의 등장을 동시에 준비하고 있었다. 에두아르는 돔이노의 건축사적 가치를 알지는 못했지만 그것의 합리성과 효율성에 대한 강한 확신을 갖고 있었다. 게다가 그는 돔이노 구조가 큰 수익을 가져다줄 것이라 기대했다.

특허 신청은 뒤부아가 맡았다. 그는 특허가 나올 것이라 생각하지 않았지만, 친구의 기분을 맞추어주기 위해 업무를 진행했다. 돔이노는 철근콘크리트 전문가에게 너무 당연한 시스템이었다. 특허를 받지도 못하겠지만 만에 하나 받는다 해도 철근콘크리트 기둥을 세우고 그 위에 슬래브를 얹는 단조로운 구조로는 줄 이은 소송전에서 패할 것이 분명했다. 에두아르의 혁신적인 구조는 애초에 자연이, 그리고 고대 로마의 건축가인 비트루비우스와 르네상스 예술가인 안토니오 필라레테와 신고전주의자 로지에가 수천 년간 반복적으로 소개한 건축의 원형과 크게 다르지 않았다.

특허는 당연히 발급되지 않았다. 그렇다고 에두아르의 업적을 평가절하할 필요는 없다. 오히려 근대건축에 끼친 그의 기여는 분명했다. 그는 누구나 알고 있는 옛 구조를 새롭게 해석해 가장 현대적인 것으로 만들었다. 원시 오두막은 철근콘크리트 공법에 가장 잘 어울리는 구조로 재탄생했고, 경사를 포기한 평지붕은 근대건축의 상징이 되었다. 에두아르는 돔이노 구조로 원시 오두막의 개념을 대체해버렸다. 전쟁으로 도시가 파괴되고, 다른 한편에서는 대규모 주택단지가 조성되던 시대에 돔이노는 동시대 건축의 요구를 제대로 반영하고 있었다. 에두아르는 돔이노로 주택 대량생산의 기초를 닦았다. 부품을 조립해 짓는 그의 주택은 효율적이고 경제적이었다. 그의 손에서 원시 오두막은 현대적인 건축양식으로 새롭게 빚어졌다.

살기 위한 기계

돔이노는 르코르뷔지에의 조형 언어가 되었다. 그는 제1차 세계대전 당시 다양한 주택의 형태를 연구하면서 하나의 모듈로부터 끝없이 변형되는 구조를 상상했다. 돔이노는 무한한 가능성을 지니고 있었다. 그것은 일반 주택뿐만 아니라 대규모 저택과 주택단지에도 적용될 수 있었다. 디자인 원리는 간단했다. 유닛을 하나 만들어 서로 연결하거나 확장하는 것이다. 또한 유사한 집을 몇 채 모아놓으면 타운하우스도 지을 수 있었다. 돔이노는 간결한 구조로부터 다양한 변이를 만들어냈다. 르코르뷔지에는 이를 기초로 주택의 대량생산을 꾀했고, 이를 도시계획에 접목하기로 마음먹었다.

르코르뷔지에는 1922년 살롱도톤에 도시계획안을 출품했다. 그는 300만 명이 거주할 수 있는 '현대적인 도시Ville Contemporaine'를 선보였다. 모두를 놀라게 한 거대하고 혁신적인 '찬란한 도시'에는 그가 오랜 기간 연구해온 주택들이 자리 잡고 있었다. 그는 이를 '시트로앙 주택Maison Citrohan'이라 불렀다. 이 명칭은 프랑스의 자동차 회사인 '시트로엥Citroën'을 변형한 것이다. 그는 집이 자동차 같아야 한다고 믿었다.

자동차는 근대가 만들어낸 최고의 발명품이다. 근대인들은 빠르고 기능적인 자동차를 만들기 위해 첨단 기술과 효율적인 디자인을 선보였다. 그들은 오랜 실험과 분석을 통해 완벽한 조화를 찾아내고 이를 표준화하고 규격화했다. 대량생산을 위해서였다. 르코르뷔지에는 집이 그래야 한다고 믿었다. 집은 자동차처럼 편리하고, 효율적이고, 아름다워야 한다. 그리고 무엇보다 표준화, 규격화되어야 한다. 저렴한 비용으로 더 많은 집을 짓기 위해서였다. 그는 전쟁으로 집을 잃은 이들과 도시 노동자들에게 제대로 된 주택을 공급하고 싶어 했다.

　르코르뷔지에는 집을 '살기 위한 기계'라고 불렀다. 그는 우리 삶에 최적화된 집을 만들기 위해 자동차, 비행기, 대형 여객선을 모델로 삼았다. 이 기계들은 표준화, 규격화를 거쳐 가장 효율적인 방식으로 인간의 필요를 충족시킨다. 르코르뷔지에는 여기에 시대정신이 담겨 있다고 믿었다. 집이라는 '기계'는 "목욕, 햇빛, 따뜻한 물, 찬물, 난방, 요리, 가족 간의 대화, 위생, 아름다운 비례" 같은 복잡한 요구를 가장 실용적이고 효율적인 방식으로 충족시켜야 한다. 산업화 이후 그의 시대는 다양한 재료와 구조를 통해 그에 걸맞은 해결책을 속속 내놓고 있었다. 하지만 시대에 저항하는 고루한 예술가들은 이러한 변화를 눈치 채지 못했다. 그들은 장식에 집착했고, 이해할 수 없는 옛 전통에 매여 있었다. 르코르뷔지에는 '보지 못하는 눈'을 일깨우기 위해 쉬운 비유를 들었다. 집은 자동차나 비행기처럼 효율적인 기계가 되어야 한다는 것이다.

　르코르뷔지에의 살기 위한 기계는 완전한 상태에 이르러야 했다. 표준화는 시대에 어울리는 양식 출현의 전제 조건이자 결과였다. 자동차는 이를 너무나 잘 보여주고 있었다. 그것은 빠른 이동이라는 기능과 견고함, 편리함, 아름다움 같은 복합적인 요구를 조화시키고 있었다. 끊임없는 경쟁과 개선을 통해 새로운 표준이 확립되었고, 이로 인해 고대의 마차와는 완전히 다른 것이 되었다.

　현대의 도시 역시 아크로폴리스와 달라야 했다. 르코르뷔지에는 동방 여행 중 올랐던 파르테논신전을 떠올렸다. 어디서나 비슷비슷한 신전 기둥과 지붕, 바닥과 프리즈 장식은 유독 아크로폴리스

슈투트가르트의 바이센호프 주거단지

미스 반데어로에는 1927년에 독일 슈투트가르트에서 개최된 주택 전람회의 예술감독을 맡아 르코르뷔지에를 포함한 진보적인 열여섯 명의 건축가들에게 참여를 요청했다. 르코르뷔지에는 그가 오랫동안 연구해온 시트로앙 주택을 변형하여 근대적인 집합 주거 실험에 동참했다. 당시 그가 선보인 주택은 오늘날 바이센호프 주거단지의 박물관으로 사용되고 있다.

에서 특별하고 환상적인 조화를 만들어내고 있었다. 르코르뷔지에는 신전 건축가가 파르테논신전만을 위한 디자인 시안을 따로 만들어내거나 그것을 직접 시공하지는 않았을 것이라고 생각했다. 그는 단지 존재하는 부품을 조화롭게 배치해 그것에 영혼을 불어넣었을 뿐이다. 현대의 건축은 고대를 능가하는 표준화 시대를 열어야 했다. 건축은 복잡한 우리네 삶을 제대로 담아내기 위해 완전한 조화를 만들고, 무엇보다 표준화되어야 했다.

르코르뷔지에는 이러한 이상을 담아 1950년 모뒬로르라는 표준화된 치수를 개발했다. 건축의 치수화, 표준화는 대량생산 같은 산업적 필요만이 아니라 인간의 편의를 위한 것이었다. 그는 인간 신체를 기준으로 건축 공간의 크기를 정했다. 자동차나 비행기, 배처럼 인간에게 최적화된 생활공간을 제공하는 것은 건축의 당연한 이상이었다. 근대인들은 이성적이고 합리적인 계몽의 시대를 꿈꾸었다. 하지만 산업화, 기계화는 인간 존중 대신 소외를 낳았다. 컨베이어 벨트 앞에서의 노동은 인간을 편리하게 하는 대신 그를 기계로 만들었다. 이에 근대의 사상가와 예술가들은 진보의 환상을 버렸다. 회의적인 저술이 쏟아졌고, 진보의 다른 극단에서 아방가르드라 불리는 기이한 예술 작품들이 생산되었다. 하지만 오직 건축만은 순수한 이상을 버리지 않았다. 집이 살기 위한 기계, 즉 인간의 필요와 복잡다단한 요구를 충족시키는 기계가 되어야 한다는 것이다. 건축가들은 인간을 위한 진실한 기계를 꿈꾸었다. 그들의 모더니즘은 뒤늦게 시작되었고, 아직도 지속되고 있다.

파리의 젊은 예술가

파리에서 르코르뷔지에의 흔적을 찾는 일은 누구나 한 번쯤 해볼 만하지만 새삼스럽다. 건축가는 이곳에서 일생을 보냈고, 위대한 예술가의 반열에 올랐다. 그는 파리 정착 초기부터 예술계의 유명 인사들과 적극적으로 교류했다. 하지만 파블로 피카소와 그의 동료들이 남긴 흔적을 찾아 몽마르트르와 몽파르나스를 오가는 낭만적인 여행자에게 르코르뷔지에의 존재감은 유명세에 미치지 못한다. 그의 파리 정착과 활동은 회화의 거장보다 훨씬 늦었다. 유명세를 얻은 것은 이보다도 한참 뒤의 일이다. 파리의 카페와 살롱에 아방가르드 예술가들만큼 많은 이야깃거리를 남겨놓지 못했다는 말이다. 그는 파리의 예술가 무리에 뒤늦게 합류했고, 30대가 되어서야 비로소 본격적인 예술 활동에 나섰다.

에두아르는 1917년 초, 2만 프랑과 큰 여행 가방을 짊어지고 파리에 도착했다. 미국이 참전을 선언하고, 러시아에서는 혁명의 조짐이 보이기 시작했으며, 파리 예술가들이 낙후된 몽마르트르에서 몽파르나스의 신시가로 이주하던 시기였다. 제1차 세계대전은 여전히 진행 중이었고, 거리에는 비행기에서 떨어진 포탄의 흔적이 그대로 남아 있었다. 몇 차례 프랑스를 오가며 기차에서 경험한 비극은 이제 그의 현실이 되었다. 길에는 굶주린 사람이 넘쳐났고, 자신의 안전도 책임질 수 없었다. 하지만 건축가는 이를 기회라 생각했다. 예술은 고통에서 꽃피고, 건축은 폐허에서 시작된다. 에두아르는 위기를 틈타 위대한 예술가 반열에 오를 준비가 되어 있었다.

에두아르는 뒤부아의 집 부엌에 사무실을 차려놓고 콘크리트블록 공장을 운영했다. 그리고 바로 이 시점부터 헛된 꿈을 꾸기 시작했다. 그는 콘크리트블록 사업이 당연히 잘될 것이라 낙관했다. 그는 건축이 자동차처럼 표준화되어야 한다고 믿었는데, 이러한 신념대로라면 그 부품인 콘크리트 블록은 날개 돋친 듯 팔려나가야 했다. 이는 에두아르가 생계 걱정 없이 예술 활동에 집중할 수 있음을 의미했다. 알포르빌에 있는 공장에서 생산된 블록은 곧장 선적되어 각처로 팔려나갈 것이고, 그는 파리에 앉아 한가로이 돈을 만지며 전업 작가 생활을 할 수 있을 것이었다.

에두아르는 열일곱 살에 중단된 화가의 꿈을 다시 꾸기 시작했다. 그는 재능을 가지고 있었고, 치열한 파리 예술계에서 버텨낼 자신도 있었다. 그러나 세상만사가 그렇듯 일은 기대처럼 흘러가지 않았다. 불과 얼마 뒤 그는 빚더미에 앉게 되었는데, 이를 미리 알리 없는 꿈 많은 예술가는 자코브가 20번지에 새로운 터전을 마련한다. 그는 페레 사무소에 근무하던 시절 라틴 지구에 살았고, 그 일대를 잘 알았다. 그리하여 번화가인 생제르맹데프레와 가까우면서 비교적 조용한 자코브가에 아파트를 구했다. 기본적으로 주거 환경이 좋은 편이 아니었음에도 그는 이 연립주택을 꽤나 좋아했다. 이후 형이 파리에 오자 조금 더 넓은 아랫집으로 이사해 함께 생활했다. 결혼 후에도 10년 넘게 같은 건물에 살았다. 에두아르는 다양한 매력을 지닌 연립주택 5층에서 매일 다섯 시간씩 그림을 그렸다.

자코브가의 연립주택에는 시인이자 문필가인 내털리 클리퍼드 바니가 살고 있었다. 바니는 매주 금요일 밤 거트루드 스타인 같은 이들과 문학 모임을 했는데, 에두아르는 단 한 번도 초청받지 못했다. 대신 그의 사교 활동은 생제르망데프레의 작은 음식점과 카페에서 이루어졌다. 그곳은 몽파르나스로 이주한 예술가들의 회합 장소였다. 그는 프티생베누아라는 작은 식당에서 코티지 파이와 키안티를 즐겼다. 카페드플로르와 카페레되마고에도 자주 들렀다. 오늘날 이 카페들은 관광객으로 문전성시를 이룬다. 피카소, 어니스트 헤밍웨이, 기욤 아폴리네르 같은 이들이 우리보다 먼저 이 카페를 드나들었고, 에두아르 역시 그랬다. 에두아르는 아방가르드 예술가 무리에 끼지 못했지만 전후 세대를 표방했다. 그는 아메데 오장팡, 페르낭 레제, 엘 리시츠키, 브라사이 같은 이들과 교류하며 파리 예술계와 교분을 쌓아갔다.

에두아르는 파리 이주 직후 아예 손에서 건축을 놓아버렸다. 그림에 집중하기 위해서였다. 그는 자신의 인생이 돌고 돌아 결국 회화의 길 위에 안착하게 될 것이라 믿었다. 한동안 잠잠하던 그의 옛 꿈에 불은 지핀 이는 화가 오장팡이었다. 오장팡은 페레가 1916년 결성한 '예술과자유'의 핵심 인물이었다. 에두아르는 페레를 따라 참석한 오찬 모임에서 이 열정적인 화가를 처음 만났고, 둘은 급속도로 가까워졌다. 그는 오장팡이 "미래의 아름다운 파리의 문"을 열어주었다고 믿었다.

오장팡은 에두아르보다 겨우 한 살 많았지만 모든 면에서 앞서 있었다. 그는 대단히 성숙했고, 때로는 스승처럼 때로는 큰형처럼 에두아르의 꿈을 격려해주었다. 에두아르는 모루아가에 있는 오장팡의 화실에서 그림을 그리며 일상을 공유했다. 그는 이곳에서 거

르코르뷔지에가 지냈던 파리 자코브가 20번지

르코르뷔지에는 파리 정착 후 번화가인 생제르맹데프레와 가까우면서도 비교적 조용한 자코브가에 집을 구해 1933년까지 지냈다. 집은 비좁고 추웠지만 그는 오랜 역사를 지닌 이 집을 좋아했고, 동료 예술가들을 초대해 파티를 열기도 했다. 사진은 현대 사진의 개척자인 외젠 앗제가 1910년에 찍은 것이다.

의 살다시피 지내며 길 건너편 모루아식당에서 끼니를 해결했다. 생활이 풍요롭지 않았지만 이는 그가 오랜 기간 꿈꾸어온 삶의 모습이었다. 그는 전업 작가가 되기를 바랐고, 그것만으로도 행복했다. 물론 회화 훈련은 훗날 그의 건축 작품에도 영향을 주게 된다. 간결한 주택부터 유려한 곡선으로 이루어진 롱샹성당에 이르기까지 캔버스에 그린 형태가 건축물에 드러난 것은 이상한 일이 아니다. 게다가 그의 건축물에 사용된 다양한 색 역시 캔버스 앞에서의 훈련이 없었다면 결코 조화를 만들어내지 못했을 것이다. 에두아르는 평생 자신을 화가라고 생각했고, 회화와 건축은 그의 예술과 삶속에서 맞닿아 있었다. 그는 그림을 그리기 위해 매일 모루아가를 찾았지만 오히려 여기서 빛나는 건축적 성공의 단초를 발견한다.

오늘날 모루아가에서 두 보헤미안의 모습을 확인하기는 어렵다. 건축가로서 거둔 큰 성공은 에두아르의 파리 정착 초기 삶의 모습을 지워버렸고, 오장팡의 작업은 어느새 사람들의 기억에서 잊혔다. 오장팡의 화실과 그들이 자주 들르던 길 건너편 식당도 100년의 세월을 버티지 못했다. 오장팡은 1924년 르코르뷔지에가 디자인한 새 건물로 화실을 옮겼고, 모루아식당은 언제 사라졌는지 확인조차 어렵다. 식당이 있던 건물은 그대로 자리를 지키고 있지만 구조가 바뀐 탓에 정확한 모습을 확인하기는 어렵다. 그럼에도 나는 바뀐 가게 주변을 계속 서성였다. 혹시나 옛 식당 구조를 확인할수 있지 않을까 하는 기대 때문이었다. 모루아식당은 훗날 등장하게 될 르코르뷔지에 주택 구조의 모델이 되었다.

에두아르는 식당에서 끼니를 때우면서 눈으로 공간을 탐색했다.

층고가 꽤 높았던 모루아식당은 특이한 구조를 하고 있었다. 복층 구조에 세로로 긴 직사각형 공간은 매우 효율적이었고, 넓은 창문은 식당 내부를 부족함 없이 밝혀주었다. 공간 활용 역시 훌륭했다. 주방은 아래층 안쪽에 위치했고, 식사 공간은 위층에 자리 잡았다. 나선계단이 아래위를 유기적으로 연결해주었는데, 차지하는 면적이 작아 공간 낭비를 막아주었다. 르코르뷔지에는 이를 주택의 기본 구조로 삼았다. 간결한 공간 구조, 아래층 주방과 위쪽 식사 공간의 구분, 넓은 창문과 나선계단 등은 1920년대 르코르뷔지에의 건축을 대표한다. 특히 이러한 공간 구조는 돔이노와 완벽하게 호환되었다. 표준화된 철근콘크리트 구조를 쌓아 올린 '구두 상자' 모양 주택은 합리적이고 기능적인 공간을 제공해주었다.

에두아르와 오장팡은 전후 예술 활동에 적극적으로 참여했다. 이들은 새로운 예술과 새 시대에 대한 열망으로 가득 차 있었다. 건축가와 화가는 그림으로 세상을 바꿀 수 있다고 믿었다. 회화의 변혁은 '새로운 정신'의 탄생으로, 그리고 '새로운 정신'은 예술과 문화뿐 아니라 국가와 사회 변혁으로 이어질 것이었다. 두 예술가는 우선 장식으로 얼룩진 조형 언어 세탁에 나섰다. 큐비즘은 첫 번째 극복 대상이었다. 에두아르와 오장팡은 피카소에 앞서 현대미술의 태동을 알린 앵그르, 쇠라, 세잔의 작업을 재조명했다. 그리고 이들보다도 훨씬 이전에 기하학적이고 순수한 형태를 사용한 고전고대를 연구했다. 고전주의의 징명함은 시대를 뛰어넘어 근대에도 귀감이 되고 있었다.

두 예술가는 간결하고, 순수하고, 시간을 넘어 지속될 수 있는 보편적인 예술을 추구했다. 그들은 이에 '순수주의Purisme'라는 이름을 붙이고, 각종 전시와 비평문을 통해 소개했다. 여러 이념이 충돌하는 선전 선동의 시대를 살았던 두 예술가는 프로파간다의 힘을 잘 알고 있었다. 그들은 선전 전단을 만들어 세상에 뿌리는 대신 1920년 10월 새로운 예술 잡지인《에스프리 누보》를 창간했다. 1920년 10월 창간되었다. 두 사람은 이 잡지를 통해 '새로운 정신Esprit Nouveau'의 중요성을 설파했다.

《에스프리 누보》는 진보적인 엘리트 잡지를 표방했다. 잡지는 창간호부터 급진적인 내용으로 채워졌다. 르코르뷔지에는 당시 예술가들이 경멸해 마지않던 산업 생산물의 아름다움을 강조했다. 그가 보기에 근대의 미학은 오히려 자동차, 비행기, 대형 여객선에서 구현되고 있었다. 그것들은 정확한 치수와 명쾌한 형태로부터 아름다움을 창출하고 있었다. 예술은 새로운 미학을 배워야 했다. 르코르뷔지에는 정육면체, 원뿔, 원통, 구, 피라미드 같은 기하학 형태를 강조했다. 단순한 형태일수록 우리 감각을 더 지속적으로 자극할 수 있기 때문이다. 이미 현대의 공장과 사일로는 이집트 피라미드와 그리스 신전처럼 단순한 기하학 형태로 건설되고 있었다. 이것은 명쾌한 형태를 예술에 끌어들인 그리스·로마의 정신이 근대로 이어진 사례였다. 르코르뷔지에는 자동차, 비행기, 대형 여객선, 공장 건축을 바라보면서 기계가 새로운 정신을 일으키고 있다고 믿었다. 그리고 기계가 생산해낸 근대의 정신을 세상에 전파하고자 했다. 기계로부터 예술을 배우자는 주장은 다분히 급진적이었다. 순수주의에 대한 열망은 그만큼 컸다. 에두아르와 오장팡은《에스프

아메데 오장팡(1935)

에두아르는 파리 정착 직후 오장팡의 화실에서 매일 그림을 그렸고, 전업 작가의 길을 꿈꾸었다. 에두아르보다 한 살 많았던 오장팡은 때로는 형처럼, 때로는 스승처럼 에두아르의 꿈을 격려해주었다. 두 화가는 장식으로 얼룩진 큐비즘을 넘어 순수하고 기하학적인 세계에 이르고자 했고, 이를 '순수주의'라고 칭했다.

리 누보》에서 그리스 신전과 볼품없는 공장 건축을 동일선상에 놓았고, 자동차를 위대한 예술 작품의 반열에 올려놓았다.

'르코르뷔지에'의 탄생

에두아르와 오장팡의 거침없는 행보는 보수적인 문화계에서 분란을 일으켰다. 특히 기계가 새로운 정신을 만들어내고 있다는 주장은 큰 반감을 불러일으켰다. 두 사람은 이를 예상한 듯 필명을 여럿 만들어 사용했다. 그들의 글은 소니에, 드 파예, 생 쿠엔틴 박사, 보브레시, 폴 블라르, 르코르뷔지에 같은 정체를 알 수 없는 이름으로 발표되었다. 필명 사용은 매우 효과적이었다. 그것은 더욱 급진적인 주장을 가능하게 했고, 비난의 화살은 누구도 제대로 겨냥하지 못했다. 《에스프리 누보》는 문화예술계 엘리트층에게 점점 더 큰 영향력을 발휘했다. 잡지의 명성은 국경마저 무력화했다. 잡지를 읽은 바우하우스 교장 그로피우스는 '르코르뷔지에'라는 건축가에게 자신이 기획한 전시에 참여해줄 것을 요청했다. 알프레드 바와 필립 존슨 같은 하버드대학교 학생들 역시 잡지를 돌려보며 유럽 예술계의 변화를 공부했다. 이들은 훗날 뉴욕 모마MoMA를 중심으로 뉴욕 예술계를 이끌게 된다. 《에스프리 누보》와 함께 르코르뷔지에는 바다 건너 신대륙과 광활한 시베리아 벌판에까지 알려졌다.

에두아르는 대학에 다니지 않았지만 르코르뷔지에는 소르본대학 강연에서 새로운 정신을 설파했다. 보타이에 둥근 안경을 낀 그의 패션이 유행처럼 번졌고, 트레이싱지에 거침없이 스케치를 하는 그의 강연 방식 역시 관심을 불러일으켰다. 그는 파리 예술계에 변화를 가져왔고, 동시에 에두아르의 정체성 역시 변화되었다. 1923년에 발표하여 큰 성공을 거둔 책 『건축을 향하여』는 르코르뷔지에라는 이름으로 출판되었고, 1924년부터는 그림에도 같은 이름으로 서명하기 시작했다. 시계 장식에서 장식미술을 거쳐 건축의 세계에 입성한 에두아르의 인생은 이제 '르코르뷔지에'의 예술에 바쳐졌다.

르코르뷔지에는 파리 예술계 핵심 인사가 되었고, 각종 인터뷰 요청이 줄을 이었다. 하지만 그는 말보다 글에 집중했다. 잡지가 발행된 만 4년 동안 한 달 평균 1만 단어에 이르는 글을 썼으니, 이 시기에 그가 그린 그림과 건축 작품까지 헤아려보면 실로 놀라운 작업량이었다. 그는 쉼 없이 글을 쓰고 그림을 그렸다. 그리고 왼쪽 눈 시력을 완전히 잃었다. 그는 자신을 '외눈박이 거인 키클롭스'에 비유했다. 그리고 신세 한탄 대신 안경점에 가 실랑이를 벌였다. 절약 정신 투철한 예술가는 안경 값을 반만 내겠다고 우겼다.

500년 전 튀일리궁을 디자인한 필리베르 드 로름은, 좋은 건축가란 모름지기 눈과 손을 네 개씩 가져야 한다고 말했다. 세상을 보는 통찰력coup d'œil과 손재주를 건축가의 필수 덕목으로 제시한 것이다. 르코르뷔지에는 시력을 잃었지만 한쪽 눈만으로도 남들이 보지 못하는 것을 볼 수 있었다. 그는 이를 과시하려는 듯 잡지 글을 모아 책으로 출판하면서 '보지 못하는 눈'이라는 장을 추가했다. 그는 현대 도시와 건축을 비판하면서 보지 못하는 눈들을 나무랐다. 그에게 건축은 단순한 건설을 넘어선 위대한 예술이자 감동의 사건이었

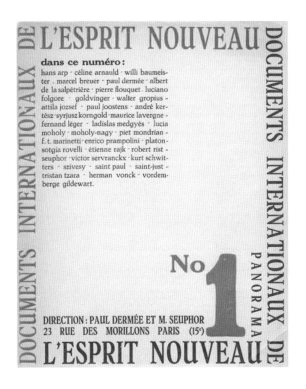

르코르뷔지에와 오장팡이 창간한 잡지 《에스프리 누보》

1920년 10월에 창간한 《에스프리 누보》는 진보적인 엘리트 잡지를 표방했다. 르코르뷔지에와 오장팡은 기계가 새로운 정신을 일으키고 있다는 급진적인 주장을 펼쳤고, 이는 점차 사람들의 호응을 얻었다. '르코르뷔지에'는 당시 이들이 사용한 필명 중 하나였다.

다. 그는 『건축을 향하여』에서 눈앞의 이익만을 좇는 '속물 사업가'를 비판하고, 아름다움이라는 건축의 숭고한 목표를 상기시켰다.

파리 정착 후 불과 몇 년 사이에 르코르뷔지에의 인생과 건축은 극적인 변화를 겪었다. 시골 출신의 건축가 에두아르는 르코르뷔지에라는 유명인이 되었고, 그의 건축양식 역시 완전한 변화를 겪었다. 그는 지역적 특징을 살려 건물을 짓는 데 더 이상 관심을 두지 않았다. 르코르뷔지에는 구두 상자 모양의 주택을 속속 선보였다. 그의 구두 상자들은 규격화, 표준화되어 대량생산이 가능했고, 설계도만 있다면 전 세계 어디서나 지어질 수 있었다. 그는 어느 곳의 어느 누구라도 편리하게 생활할 수 있는 주택의 모습을 고안해 냈다. 직육면체 같은 기하학 형태의 건축은 시대를 초월하여 전 세계 어디에서나 통용될 만한 것이었다. 보편적인 디자인을 추구하고 열정적인 저술 활동을 통해 새로운 정신을 설파하면서 어느덧 그는 모더니즘 건축의 대표 주자가 되었다.

르코르뷔지에의 살기 위한 기계는 간결한 형태와 편의성을 자랑하며 곳곳에서 지어지기 시작했다. 파리 정착 이후 잠시 멈추었던 그의 건축 작업이 재개된 것이다. 사실 주택 디자인은 공장 경영으로 진 빚을 갚는 데 큰 도움이 되었다. 그는 보헤미안의 삶 따위는 모두 잊은 듯 건축 작업에 열정적으로 임했다. 1920년에는 사촌 피에르 잔느레와 함께 설계 사무소를 차렸다. 잔느레는 에두아르보다 먼저 파리에 정착해 에콜데보자르에서 건축을 공부했다. 재고 처리에 골머리를 썩던 공장 경영과 달리 설계 사무소는 날로 번창했다. 넓은 공간이 필요했고, 두 동업자는 한때 수도원 복도였던 허름한 창고를 임대해 사무소로 썼다. 에두아르는 오장팡 화실이 아닌 세 브르가 35번지로 출근하기 시작했다. 그는 공장에 잔뜩 쌓인 콘크리트블록 재고를 과감히 포기했다. 대신 옛 수도원 복도에서 철근콘크리트의 현대적이고 미적인 활용 방안을 고민하기 시작했다. 빚을 청산하려면 더 많은 주택을 짓는 방법밖에 없었다. 이 시기 그는 놀라운 생산력을 보였다. '오장팡 스튜디오La Maison-Atelier Ozenfant'와 '페사크 주거 단지Cité Frugès de Pessac' 등을 비롯한 여러 현대적인 주택들을 불과 몇 년 사이에 지었다. 공장 경영 실패라는 개인의 비극은 모더니즘 건축과 위대한 예술가의 탄생의 밑거름이 되어주었다.

르코르뷔지에는 건축자재를 파는 데 실패했지만 그가 제안한 디자인과 현대적인 삶의 모습은 만인을 설득했다. 다행히 건축의 성공은 개인적인 불행의 크기보다 컸다. 비록 전업 작가의 꿈을 포기해야 했지만 건축을 통해 그림에 대한 욕망을 대리 충족했다. 그는 건축을 회화의 연장으로 이해했다. 매일 오전에 그림을 그렸고, 오후에는 세브르가 35번지에 나가 건축물을 그렸다. 그림 덕분에 그의 규칙적인 일상은 그가 꿈꾼 보헤미안의 삶과 조화를 이룰 수 있었다. 그는 오후 5시 반이 되면 '건축은 너무 어려운것 같다'며 슬그머니 퇴근해버렸다. 아내와 저녁 식사를 하고, 밤에 글을 쓰기 위해서였다. 남은 작업은 직원들 몫이었다. 사촌이자 동업자인 잔느레가 사무소 경영과 살림을 맡아주었기에 가능한 일이었다. 잔느레 덕분에 그는 글과 그림을 이어 갈 수 있었다.

사무소 형편은 넉넉하지 않았지만 설계 주문은 충분했다. 세브르가 35번지는 언제나 활기가 넘쳤다. 세계 각국의 인재들이 몰려들면서 세브르가 35번지 옛 수도원 복도는 살기 위한 기계만이 아니라 위대한 예술 작품의 산실이 되었다. '빌라 사보아Villa Savoye' 같은 주택뿐만 아니라 롱샹성당과 라투레트수도원 같은 종교 건축 역시 이곳에서 탄생했다. 건축가는 매일 그림을 그렸고, 그의 스케치는 건물이 되어 나타났다. 화가가 되려는 꿈은 건축을 통해 이루어졌다.

모뒬로르

'모뒬로르'는 인체 치수를 기준으로 한 건축의 척도다. 예로부터 건축은 비례와 치수 관계를 중시했다. 비례가 잘 잡힌 건물은 보기 좋을 뿐만 아니라 튼튼하다. 하중을 골고루 분산시켜야 건물이 안정적인 것은 당연한 이치다. 정확한 치수와 비례는 적절한 기둥 간격을 유지하고 안정적인 공간을 만드는 데 도움이 된다. 건축가들은 이를 '모듈'이라 불렀다. 르코르뷔지에는 모듈에 미적인 의미를 더했다. 그는 모듈에 아름다움의 원리인 '황금 비율'을 결합시켰고, 이를 '모뒬로르Modular'라 이름 붙였다.

르코르뷔지에는 고대 그리스와 르네상스의 예술가처럼 신체를 이용한 척도법을 선호했다. 그는 미터법처럼 추상적인 단위가 아니라 사람 몸에 기초한 인치나 피트 같은 단위를 사용해야 한다고 믿었다. 그래야 사람에게 편리한 공간을 만들어낼 수 있기 때문이다. 사람 몸에 맞추어 건물의 높이, 계단이나 문의 크기, 각종 가구의 형태를 결정한다면 건축은 훨씬 사용하기 편리할 것이다. 르네상스 건축가들은 신체가 세계를 담은 소우주라고 생각했지만, 르코르뷔지에는 편리한 공간을 만들어내기 위한 척도로 인체를 활용했다.

처음에 르코르뷔지에는 키가 175센티미터인 프랑스인을 모뒬로르의 기준으로 삼았다. 하지만 영국 탐정소설에 나오는 멋진 경찰관의 키인 6피트를 기준으로 치수를 확립했다. 이는 이상적인 인체였고, 소수점 없이 치수를 정할 수 있어 편리했다. 그는 오랜 연구 끝에 모뒬로르를 책으로 출판했고, 이 척도를 쉽게 사용할 수 있도록 줄자를 만들어 보급했다. 그는 자신의 모뒬로르가 음악의 스케일처럼 건축을 기능적이고 아름답게 만드는 수단이 될 것이라 기대했다.

르코르뷔지에는 미국을 방문했을 때 아인슈타인을 만나 모뒬로르를 소개했다. 아인슈타인은 바로 연필을 들고 계산하기 시작했다. 르코르뷔지에는 찰나의 침묵을 참지 못해 말을 이어갔고, 그 바람에 화제가 전환되었다. 집에 돌아온 그는 이 일을 후회했다. 모뒬로르의 수학적 정확성을 확인할 기회를 놓친 것이었다. 다행히 아인슈타인은 그날 밤 메시지를 보냈다. 그는 모뒬로르가 "나쁜 것을 막아주고 좋은 것을 도와주는 비례의 척도"인 것 같다고 썼다. 르코르뷔지에는 이를 기뻐했다. 아인슈타인의 말처럼 모뒬로르는 건축의 적정 치수와 아름다운 비례 관계를 정할 수 있도록 돕는 도구가 되었다.

행복의 건축

언덕 위의 떠다니는 흰 상자

푸아시는 파리 인근에 위치한 작은 마을이다. 파리에서 노르망디 해변으로 향하는 철길이 지나가는 이 도시는, 센강과 생제르맹앙레 숲 사이에 자리하고 있다. 숲은 옛 귀족들의 사냥터였다. 그들은 파리에서 불과 30킬로미터밖에 떨어져 있지 않은 이 마을을 찾아 여가를 즐겼고, 인근에 별장을 짓기도 했다. 철도가 놓인 뒤에는 장루이에르네스트 메소니에 같은 유명 화가가 넓은 작업 공간을 찾아 이주해왔다. 북쪽으로는 파리에서 나온 센강이 흐르고 반대편에는 드넓은 숲이 위치한 이 도시는, 분주한 대도시의 괜찮은 피난처가 되어주었다.

1929년, 도시에 작은 변화가 일어났다. 귀족 별장과 작은 수도원 외에는 변변한 건축물 하나 없던 마을에 특이하게 생긴 집 한 채가 들어선 것이다. 건축가는 얇은 기둥 몇 개에 하얀 건물을 얹어놓고 이를 '떠다니는 흰 상자'라 불렀다. 장식 하나 없는 흰 박스 모양 건물은 당시만 해도 사람들이 선호하는 스타일이 아니었다. 게다가 공중에 떠 있는 집이라니, 고전적이고 보수적인 사람들은 이런 건축물의 등장을 기이하게 여겼다. 아름답게 장식된 화려한 집도 아니고, 바다 위 배처럼 공중에 떠 있는 건물을 굳이 돈 들여 지을 이유가 무엇이란 말인가. 하지만 시대는 빠르게 변화하고 있었고, 떠다니는 흰 상자는 변화의 상징이 되었다. 제2차 세계대전이 끝난 뒤 프랑스 정부는 이 집을 국가 문화유산으로 지정했다. 2016년, 이 주택은 유네스코 세계문화유산에 등재되었다. 오늘날 푸아시에는 관광객이 끊이지 않는다. 르코르뷔지에의 빌라 사보아는 파리 인근 작은 마을을 건축의 성지로 바꾸어놓았다.

오늘날 빌라 사보아 주변은 르코르뷔지에의 이름으로 넘쳐난다. 집 근처 버스 정류장에도, 인근 학교에도 모두 그의 이름이 붙어 있다. 낯선 관광객이 질문이라도 할라치면 모두 빌라 사보아를 알아서 가리킨다. 떠다니는 흰 상자는 건축의 역사만이 아니라 지역사회에도 깊이 뿌리내린 듯해 보였다. 르코르뷔지에의 스케치를 보면 빌라 사보아는 센강이 내려다보이는 언덕 위에 고즈넉이 자리 잡고 있다. 최적의 입지에 들어선 빌라 사보아는 별장으로 지어졌다.

빌라 사보아가 있는 푸아시의 거리

푸아시는 파리에서 30킬로미터 정도 떨어진 작은 마을이다. 르코르뷔지에는 1929년 센강이 내려다보이는 이 마을 언덕에 근대적인 주택을 지어놓았다. 이 별장은 변변한 건축물 하나 없는 푸아시를 근대건축의 성지로 바꾸어놓게 된다.

건축주 피에르 사보아는 보험업에 종사하는 사업가였다. 주말마다 푸아시에서 골프를 치던 그는 이곳에 별장을 짓기로 했다. 그는 푸아시의 작은 언덕에 대지를 마련했고, 이후 건축 과정은 아내 외제니 사보아가 주도했다. 센강이 내려다보이는 언덕은 별장을 짓기에 안성맞춤이었다. 집 앞에 도로가 나 있고, 퍼팅 연습을 할 수 있는 대지도 마련되어 있었다. 이제 중요한 것은 건축가를 선택하는 일이었다. 이즈음 르코르뷔지에는 살기 위한 기계들을 열정적으로 선보이며 큰 주목을 받고 있었다. 외제니는 마침 그의 건축을 마음에 들어했다. 기능적인 공간에 현대식 주방을 갖춘 그의 주택은 세련된 삶의 모습을 구현하고 있었다. 외제니는 이미 중년에 접어들었지만 현대적인 생활 방식과 디자인을 선호했다. 그녀는 화려하게 장식된 주택에서 사는 일반적인 부르주아와 다른 선택을 했다. 르코르뷔지에에게 별장 디자인을 의뢰한 것이다.

르코르뷔지에는 혁명적인 건축가였다. 그는 주거 공간을 혁신해 삶의 모습을 바꾸려 했다. 시대가 변했지만 당시 집들은 여전히 춥고, 어둡고, 비위생적이었다. 급속한 산업화와 전쟁의 여파는 그만큼 컸다. 인구 과밀로 도시가 슬럼화되었고, 전쟁은 낙후된 집마저 남겨놓지 않았다. 르코르뷔지에는 돔이노 같은 효율적인 건설공법을 고민하는 동시에 위생, 난방, 조명 등의 생활 요소를 원점에서 재검토했다. 건축이 삶의 질을 결정한다는 사실을 잘 알고 있었던 그는, 주택을 공급하고 이를 통해 현대적인 생활 방식을 제안했다.

르코르뷔지에는 공간과 각종 편의 시설을 사람 몸에 맞게 치수화했다. 생활의 편의를 위해서였다. 건물을 효율적, 경제적으로 짓기 위한 표준화 작업도 함께 진행했다. 물론 시행착오도 있었다. 모든 것을 표준화하려다 보니 건축주의 개인적인 필요에 맞지 않는 부분이 나왔고, 이를 수정해야 했다. 외제니는 빌라 사보아 건설 현장을 찾아 문을 넓혀달라거나 벽을 두껍게 해달라는 등의 요구를 했다. 요구 사항은 즉각 반영되었다. 현대적인 구조로 집을 지었기 때문에 가능한 일이었다. 오랜 연구 덕분인지 그의 건축은 유연했고, 구조적으로 안정되어 있었다.

르코르뷔지에가 지은 주택에서도 가끔 말썽은 일어났다. 특히 그가 즐겨 사용한 나선계단은 곳곳에서 문제를 일으켰다. 그는 사람 몸에 맞추어 계단 규모를 정했는데, 가끔 예상하지 못한 상황이 벌어졌다. 첫 사건은 1922년에 지은 오장팡 스튜디오에서 발생했다. 르코르뷔지에는 동료가 마음 편히 작업할 수 있도록 건물 위층에 커다란 작업실을 배치했다. 오장팡은 거기서 초대형 캔버스를 만들어 그림을 그렸는데, 좁은 계단 때문에 작품을 반출하지 못했다. 르코르뷔지에가 살던 아파트에서는 더욱 비극적인 사건이 발생했다. 그는 1934년에 아파트를 새로 지어 이사했는데, 그의 이웃이 상을 당했다. 시신을 운구해야 했지만 좁은 나선계단이 문제를 일으켰다. 사람이 관에 실려 계단을 내려오는 상황을 미리 계산에 넣지 못한 탓이다. 안타깝게도 고인은 건물 밖 크레인에 실려 내려왔다.

외제니의 건축 의뢰는 다행히 르코르뷔지에의 주택 실험이 거의 완성 단계에 이르렀을 때 전달되었다. 그녀는 살기 위한 기계도, 주택을 표준화, 치수화하여 자동차처럼 대량생산하려는 건축가의 의도도 전혀 알지 못했다. 그저 건축가가 제안하는 현대적인 삶의 모

치수를 측정하는 르코르뷔지에

르코르뷔지에는 인체를 중심으로 건물을 치수화했다. 그는 자를 들고 다니며 보기 좋은 사물이 있으면 치수를 측정했고, 편리하고 아름다운 비율을 찾기 위해 오랜 기간 연구했다. 그의 모뒬로르는 아름다운 공간과 형태를 만들기 위한 척도가 되었다.

습에 매료되었을 뿐이었다. 넓은 창에 펼쳐지는 전원 풍경과 기능적인 내부 공간, 중앙난방 장치, 현대적인 주방은 젊은 감각의 건축주를 사로잡았다. 외제니는 요리에 관심이 많아 세세한 요구를 덧붙였다. 식기세척기를 위해 콘센트를 따로 달았고, 주방 조명과 전압 역시 강화했다. 그녀는 자동차에도 관심이 많았다. 운전 실력이 썩 좋지 않았지만 운전기사를 고용한 남편과 다르게 직접 차를 몰았다. 빌라 사보아는 자동차의 동선과 회전 반경을 고려해 디자인되었다. 차에서 내려 비를 맞지 않아도 되었고, 전진 후진을 반복하지 않아도 쉽게 주차할 수 있었다. 필로티는 자동차의 진입을 유도하고 주차 공간을 확보해주었다. 르코르뷔지에가 '빌라 라로슈Villa La Roche'에서 처음 선보인 필로티 구조는 이 집에서 독특한 쓰임새를 얻고 있었다.

빌라 라로슈는 파리 도심에 지어졌다. 르코르뷔지에는 건물 일부를 필로티에 올려 좁은 대지에 마당을 만들었다. 필로티는 집 안에서도 쓸모가 있었다. 은행가였던 건축주는 취미로 미술품을 수집했는데, 이를 집에서 감상하고 싶어 했다. 르코르뷔지에는 집 안에 갤러리 공간을 마련하고 이를 필로티 위에 올려놓았다. 덕분에 건축주가 수집한 피카소와 앙리 마티스의 작품들은 땅에서 올라오는 습기를 피할 수 있었다. 르코르뷔지에는 갤러리 안에 경사로를 만들어 걷는 즐거움도 주었다. 경사로는 작품을 다양한 시점에서 볼 수 있게 했을 뿐만 아니라 복층으로 된 갤러리 공간을 유기적으로 연결해주었다. 빌라 라로슈에서는 계단과 경사로를 따라 위아래를 오가며 다양한 공간 변화를 경험할 수 있다. 르코르뷔지에는 이를 '건축적 산책promenade architecturale'이라 불렀다. 건물은 지상에서 옥상까지 유기적으로 연결되었고, 필로티와 경사로 덕분에 단조로움을 탈피했다. 집이 그렇게 넓지 않고 사방이 다른 건물로 둘러싸였지만, 르코르뷔지에는 여느 대저택 못지않은 공간 경험을 제공하는 마법을 부렸다.

르코르뷔지에는 파리 도심 주택에서 선보인 공간 경험을 빌라 사보아에서 극대화했다. 빌라 사보아는 나선계단과 경사로를 따라 위아래로 이동하면서 건물 안팎을 오가게 구획되었다. 집 안을 오가는 동안 연속적으로 변화하는 공간을 체험하게 한 것이다. 이는 오직 건축이라는 예술만이 줄 수 있는 경험이다. 경사로를 오르내리고, 유기적으로 연결된 집 내부와 외부를 오가면서, 그리고 가로로 난 수평창과 천창을 바라보면서 사보아 가족은 공간의 지속적인 변화를 몸으로 경험할 수 있었다. 발터 베냐민은 영화가 장면 변화를 건축에서 배워야 한다고 생각했는데, 르코르뷔지에의 스케치는 정말 영화인들에게 귀감이 될 만했다. 르코르뷔지에는 건물을 지을 때 영화감독처럼 스토리보드를 미리 만들었다. 그는 창문을 통해 들어오는 바깥 풍경과 집 안을 걸으며 경험하는 공간의 변화를 상상해 그림으로 그렸고, 이 이미지를 실제 공간에 옮겨놓았다. 필로티와 경사로는 이를 위해 투입되었다.

사실 빌라 사보아에 필로티를 써야 할 이유는 없었다. 땅이 좁지도 않았고, 건물이 복잡한 구조적 문제를 안고 있는 것도 아니었다. 하지만 건축가는 몇 년 뒤 큰 공사 없이 집을 확장할 수 있게 해달라는 집 주인의 요구에 간결한 구조의 건물로 화답했다. 필로티는 벽이 아니라 기둥에 하중을 가하기 때문에 공간 변화와 확장에 유리하다. 벽을 두껍게 해달라거나 문 폭을 넓혀달라는 요구 사항을 즉각 반영할 수 있었던 것도 모두 이 때문이다. 게다가 필로티 구조는 빌라 사보아의 특이한 공간 분할에도 매우 유리했다. 건축주는 1층에 주차장과 주방, 가정부 방을 배치하고, 자신은 2층에서 생활하기를 원했다. 이로 인해 1층과 2층이 다른 평면을 가지게 되었지만, 튼튼한 뼈대를 지닌 이 건물에서는 모든 것이 가능했다. 르코르뷔지에는 경사로를 지상층부터 옥상까지 연결했고, 거실, 침실, 욕실, 옥상정원 등 각 공간을 유기적으로 연결했다. 심지어 욕실 문을 없애 공간을 개방하고, 변기를 방 안에 들이기도 했다. 별장에서는 모든 것이 가능했다. 여가를 즐기기 위한 장소였기에 건축주는 너그러웠고, 건축가는 자유로웠다.

집 안은 구조에 대한 걱정 없이 자유롭게 구획되었고, 건물 내부와 외부가 뒤섞여 제대로 된 별장 분위기를 냈다. 가로로 길게 낸 수평창 덕분에 파리에서는 경험하지 못할 전원 풍경이 파노라마처럼 펼쳐졌다. 사보아 가족은 마치 크루즈에 몸을 실은 관광객처럼 대기를 떠다니는 듯한 주택에서 풍경을 즐겼다. 건축가는 살기 위한 기계를 만들면서 건축을 경험하는 사람들의 감정을 소홀히 하지 않았다. 사려 깊은 건축가 덕분에 사보아 가족은 주말 별장에서 행복한 시간을 보낼 수 있었다. 사보아 가족은 건축이 주는 행복을 제대로 경험했다. 장대비가 쏟아지기 전까지.

빌라 사보아의 비극

푸아시는 비가 많은 동네다. 건기에도 강수량이 적지 않다고 하는데, 주로 한여름 밝은 햇살 아래 빌라 사보아를 찾는 관광객은 이를 알 도리가 없다. 별장은 언덕 위에 지어져 침수 걱정이 없었다. 아마 강이 범람한다고 해도 별 문제가 없었을 것이다. 드넓은 정원에 쏟아지는 비는 낭만적으로 보였다. 유리벽과 수평창은 쏟아지는 비마저도 아름다운 이미지로 바꾸어주었다. 하지만 세찬 비가 집 안으로 들이치는 순간 가정의 행복이 깨져버렸다.

문제는 방수였다. 르코르뷔지에는 옥상정원을 만들기 위해 지붕을 평평하게 만들었다. 덕분에 보통 춥고 음습한 다락방에서 지내던 가정부는 1층 공간을 차지할 수 있었지만, 평평한 지붕은 빗물을 제대로 흘려보내지 못했다. 게다가 수평창은 눈썹 없는 모나리자 같았다. 배수 장치에도 불구하고 창문은 그대로 빗줄기에 노출되었다. 방수 기술이나 재료, 시공법이 모두 충분하지 않던 시절, 빌라 사보아는 물난리를 제대로 겪었다. 건물 내부로 빗물이 스며들었고, 급기야 바닥에 물이 차오르기 시작했다.

빌라 사보아는 르코르뷔지에의 자랑스러운 대표작이었다. 건물은 아름다웠고 필로티, 옥상정원, 수평창 같은 혁신적인 요소들을 조화롭게 담고 있었다. 하지만 쏟아지는 비가 모든 것을 뒤바꾸어 놓았다. 비가 새는 집이 도대체 무슨 소용이란 말인가. 그는 필로티, 자유로운 평면, 자유로운 입면, 수평창, 옥상정원을 근대건축의 다섯 가지 요소라고 주장했지만, 줄줄 새는 비 앞에서 그것은 한갓 허

황된 관념에 지나지 않았다. 르코르뷔지에는 쏟아지는 비를 애써 무시했다. 그러나 사보아 가족은 그럴 수 없었다. 조금씩 스며든 비와 함께 가족의 고통이 시작되었다. 건축가는 보수공사를 차일피일 미루었다. 심지어 그와 연락하는 것마저 쉽지 않았다. 그는 너무 바빴고, 자기 건축을 과신했다. 정중히 보수공사를 요구하던 건축주의 편지는 갈수록 격해졌다. 하지만 건축가는 동요하지 않았다. 빌라 사보아는 건축의 역사를 바꾸어놓은 걸작이었고, 비가 새는 것은 그에게 작은 문제에 불과했다. 실제로 많은 이들이 이 혁신적인 주택을 보기 위해 푸아시를 찾았고, 이들을 안내하는 것은 건축 사무소의 주요 업무 중 하나였다. 건축가는 온 집 안이 물에 잠겼다고 호소하는 건축주에게, 현관에 방명록을 가져다 놓으면 유명 인사의 서명으로 가득 찰 것이라는 엉뚱한 답장을 보냈다. 건축가가 가진 자기 확신의 크기만큼 건축주는 분노했다. 행복한 주말 별장을 꿈꾸던 사보아 가족의 꿈은 산산히 부서졌다.

사보아 가족의 비극은 쉽게 끝나지 않았다. 비와 습기 때문인지 아들이 폐렴으로 요양원 신세를 지게 된 것이었다. 부부는 무책임한 건축가를 상대로 소송을 준비했다. 하지만 제2차 세계대전이 터졌고, 집은 폐허가 되었다. 센강이 한눈에 내려다보이는 언덕 위 별장은 독일군의 눈에 전략적 요충지로 보였다. 떠다니는 흰 집은 독일군 초소가 되었다. 별장은 분명 좋은 위치를 점하고 있었다. 독일군이 떠난 이후에는 미군이 집을 차지했다. 그러는 사이 위대한 건축 작품은 누구도 살 수 없는 폐가가 되었다. 전쟁이 끝났지만 사보아 부부는 이 집으로 돌아갈 생각조차 하지 않았다. 소송을 다시 하

물에 잠긴 푸아시

푸아시는 강수량이 많은 동네다. 비는 언덕 위의 별장을 적셨고, 불충분한 방수 기술 덕분에 사보아 가족은 물난리를 겪어야 했다.

는 것은 더더욱 무의미했다. 반쯤 무너져 내린 폐가에서 방수 문제로 다투는 것이 무슨 의미가 있는가.

푸아시시 당국은 집을 허물고 학교를 지으려는 계획을 세웠다. 하지만 이 폐가의 진정한 가치를 알고 있던 앙드레 말로를 비롯한 문화계 인사들이 복원 운동을 시작했다. 프랑스 정부와 문화계 인사들은 사보아 가족의 짧은 행복과 긴 불행보다는 이 집의 역사적 의미에 초점을 두었다. 빌라 사보아는 프랑스 최초의 근대건축물로 기념될 만한 가치를 지니고 있었다. 그것은 현대화된 건축양식과 삶의 모습을 구현하고 있었다. 산업화는 진작 시작되었지만 르코르뷔지에의 등장 이전까지 유독 건축만은 이를 제대로 활용하지 못했다. 르코르뷔지에는 건축계의 피카소가 되었다. 그는 새로운 재료와 구조로 건축이 나아갈 바를 보여주었다. 오늘날에도 우리는 철근콘크리트로 건물을 짓고, 그가 제안한 건축의 요소들을 이상향으로 삼고 있다. 그를 통해 건축은 비로소 근대화되었다. 빌라 사보아는 행복을 위한 주택이 아니라 역사적인 기념비로 명맥을 잇게 되었다. 오늘날 우리는 이 기념비를 찾아 근대건축의 출발과 그것을 가능하게 한 건축가의 존재를 기린다.

호숫가의 작은 집

집은 예술이기 이전에 삶의 터전이다. 파리에서 르코르뷔지에는 이 사실을 너무 빨리 잊었다. 빌라 사보아의 비극은 사실 그에게 첫 사건이 아니었다. 그는 젊은 시절 건축이 주는 고통을 뼈저리게 경험했고, '행복의 건축'을 화두로 삼아왔다. 그는 1912년에 부모님을 위해 고향에 집을 지었다. 한창 해보고 싶은 것이 많던 20대 중반의 나이였다. 그의 부모는 라쇼드퐁이 내려다보이는 작은 언덕에 땅을 갖고 있었다. 에두아르는 가족을 위해 이것저것 욕심을 부렸다. 집은 기품 있고 호화스럽게 지어졌다. 2층짜리 저택은 넓은 정원을 품고 라쇼드퐁의 교외 풍경을 내려다보고 있었다. 거실에는 어머니의 피아노가 놓였고, 바로 옆 식당은 정원으로 이어졌다. 집 안은 아름다운 타일과 벽지로 장식되었고, 수많은 창문이 아름다운 쥐라산맥의 풍경을 끌어들이고 있었다. 뿔뿔이 흩어졌던 가족은 한 지붕 아래 모였고, 두 형제는 방을 되찾았다. 어머니는 다시금 슈베르트의 가곡을 흥얼거리기 시작했다. 에두아르는 이런 모습을 보며 잠시 행복에 잠겼다. 그는 이 밝고 환한 주택을 '하얀 집Maison Blanche'이라고 불렀다.

안타깝게도 가족의 행복은 오래가지 못했다. 에두아르는 최선을 다해 근사한 집을 지었지만 이는 가계 부채로 이어졌다. 불행히도 하얀 집은 시계 장식가의 경제 능력으로 소유할 수 있는 규모가 아니었다. 진작에 예산을 초과했고, 집을 완공하기도 전에 경제적 어려움이 시작되었다. 이 와중에 에두아르는 자신의 설계비를 부모에게 청구했다. 그는 나름대로 설계비를 깎았지만 부모는 큰 충격을 받았다. 집으로 인해 가족의 관계는 위기에 봉착했다. 집은 행복을 줄 수도, 관계를 파괴할 수도 있었다. 하얀 집은 한순간의 아름다운 기억이자 가족의 상처로 남았다.

이를 두고두고 마음 아파했던 르코르뷔지에는 파리에서 건축가로 자리를 잡아가던 무렵 부모님께 작은 엽서를 보냈다. 그들을 위해 꽤나 만족스러운 집을 디자인했다는 내용이었다. 당시 그는 콘크리트 블록 사업 실패로 경제적 위기를 겪고 있었다. 그래서인지 저렴한 예산으로 집을 지었고, 공사 기간 역시 단축했다. 1924년, 르코르뷔지에는 5년째 월세로 살고 있던 부모님을 레만호 바로 옆에 지은 '작은 집Le Lac'으로 모시고 왔다. 그는 이 집이 '물가에 있는 고대 신전'이 될 것이라 확신했다. 직육면체 형태의 집은 간결하고 아름다웠으며, 주변 환경과 조화를 이루었다. 이는 다행이었다. 집을 먼저 설계해놓고 대지를 보러 다녔기 때문이다. 르코르뷔지에의 살기 위한 기계들은 사실 어디에 놓여도 문제가 없었다.

여행이 워낙 잦았기에 르코르뷔지에는 집 지을 부지를 찾기 위해 따로 시간을 낼 필요가 없었다. 그는 도면을 호주머니에 넣고 다니며 기차 안에서 저 멀리 보이는 대지를 물색했다. 그는 뒤에 산이 있고, 앞에는 호수가 있으며, 남쪽을 향해 열린 땅을 찾았다. 사람들은 호숫가에 집을 짓는다는 사실에 비웃음을 보냈지만 그는 수증기가 위로 증발하기 때문에 1층짜리 주택에 전혀 피해가 없을 것이라는 이상한 확신을 가지고 있었다.

르코르뷔지에는 브베역 인근에 부모님이 노년을 보낼 주택을 짓기 시작했다. 이 작은 역은 밀라노, 취리히, 암스테르담, 파리, 런던, 제네바, 마르세유로 향하는 기차가 지나가는 길목에 자리 잡고 있다. 이 시골 마을은 세상의 중심은 아니었지만 그렇게 이해해도 무방했다. 게다가 역에서 20분만 걸으면 집에 도착할 수 있어 기차 여

레만호의 아름다운 풍경
파리에서 건축가로 자리를 잡아갈 무렵, 르코르뷔지에는 스위스 남서부에 있는 레만호에 작
은 집을 짓고 부모님을 모시고 왔다. 한때 건축 문제로 갈등을 겪었던 잔느레 가족은 아름다
운 호숫가에서 행복을 되찾았다.

행 중 얼마든지 부모님의 집을 찾을 수 있었다. 용의주도한 그는 작은 집에 손님 방을 만들고 침구까지 갖추어놓았다. 장성한 아들들은 독립한 지 오래되었지만 집의 지정학적 위치는 거리를 의미 없게 만들었다.

은퇴한 노부부는 이 집에서 여생을 보냈다. 특히 어머니는 호숫가에서 백수를 누렸다. 어머니 사망 이후에는 르코르뷔지에의 형 알베르가 1973년까지 이 집에 머물렀다. 르코르뷔지에의 건축은 제대로 역할을 해냈다. 작은 집은 아름답고 편안했으며, 무엇보다 행복의 산실이 되었다. 르코르뷔지에는 이 작은 집에 자신의 디자인 철학을 오롯이 담아놓았다. 간결한 형태의 집은 호수와 아름다운 조화를 이루었다. 가로로 길게 배치된 주택은 호수의 수평선과 연결되었고, 수평창에는 시시각각 변하는 레만호의 풍경이 그대로 담겼다. 따뜻한 햇살은 아침부터 저녁까지 집을 밝혀주었고, 건물을 둘러싼 담장의 높낮이는 보는 재미를 더해주었다.

르코르뷔지에는 이 집에서 옥상정원을 실험했다. 철근콘크리트 구조는 흙의 무게를 넉넉히 감당했고, 옥상 잔디는 열기와 냉기를 막아주었다. 평평한 지붕은 호수와도 잘 어울렸지만 역시 말썽을 일으켰다. 비가 샌 것이다. 그는 이런 문제를 예상이나 한 듯 재빠르게 대처했다. 건물에 알루미늄 판을 덧대 아예 빗물의 투입을 차단했다. 콘크리트에 생긴 균열은 멈추었고, 이후 집은 큰 문제 없이 유지관리되었다. 어느 날 그는 알루미늄으로 동체를 만든 비행기가 등장한 것을 보고 자부심을 느꼈다. 자동차와 비행기, 대형 선박에서 미학을 배운 그는 이제 산업의 변화를 앞서가고 있었다.

하지만 르코르뷔지에가 집에서 느낀 행복은 이러한 자부심 따위에 비할 바가 아니었다. 그는 평생 그리워한 어머니를 편안한 집에 모신 효자가 되었다. 그의 어머니는 긴 여생을 이곳에서 보내면서 유명 건축가가 된 작은아들을 자랑스러워했다. 신문에 난 아들 관련 기사를 읽고, 텔레비전에 출연한 아들 모습을 보기 위해 이웃 집을 찾기도 했다. 호숫가를 산책하던 사람들은 아름다운 작은 집을 발견하고 종종 현관문을 두드렸다. 그러면 노모는 자랑스럽게 건축가를 소개했다.

'행복의 건축'은 다른 곳에 있지 않았다. 삶을 편안하게 하고 사람들의 관계를 가깝게 할 수 있다면 그것으로 충분했다. 르코르뷔지에는 모든 평범한 이들에게 안식처를 제공하고 그들이 사회적 관계를 형성할 수 있도록 돕는 건축과 도시를 만드는 데 일생을 바쳤다. 물론 그 자신도 작은 집에서 행복을 누렸다. 그는 1931년 집에 다이빙대를 설치하고 매일 물속으로 뛰어들었다. 어머니가 돌아가신 뒤 작은 집은 알베르의 스튜디오가 되었다. 잔느레 가족의 집은 다시 음악으로 채워졌다. 작은 집은 다양한 방식으로 가족을 품었다. 머물 곳 없던 가족은 집을 짓는 작은 아들 덕에 아름다운 호숫가에서 작은 호사를 누렸다. 집은 행복의 충분조건은 아니지만 필요조건임이 틀림없었다.

근대건축의 5원칙

1926년, 르코르뷔지에는 사촌 피에르 잔느레와 함께 '새로운 건축의 다섯 가지 요소'를 소개했다. 철근콘크리트로 지은 현대 주택을 위한 디자인 원칙을 천명한 것이다. 그는 돔이노 구조부터 슈투트가르트의 '바이센호프 주택단지 Maisons de la Weissenhof-Siedlung' 에 이르기까지 주택 실험을 진행하면서 철근콘크리트 주택에 최적화된 디자인과 양식을 찾아냈다. 근대건축의 5원칙은 보편적으로 적용할 수 있는 건축의 새로운 언어였지만, 사실상 이는 콘크리트 구조를 효율적으로 활용하면서 형성된 자연스러운 결과물이었다. 르코르뷔지에는 이 원칙들을 적용한 주택을 푸아시에서 선보여 커다란 호응을 얻었다. 다음 다섯 가지 원칙을 모두 적용한 빌라 사보아는 근대건축의 기념비로 남게 되었다.

필로티 필로티는 건물을 지열과 습기로부터 보호한다. 커다란 건축물의 경우, 필로티는 건물의 앞과 뒤 사이의 단절을 막아주고 넓은 정원 공간을 확보할 수 있게 한다.

옥상정원 옛 주택의 다락방은 하녀들 차지였다. 르코르뷔지에는 경사 지붕과 다락방을 없애고, 평평한 옥상에 정원을 만들었다. 옥상정원은 추위와 더위를 막아주고, 가벼운 신체 활동을 할 수 있는 공간을 제공해주었다.

자유로운 평면 르코르뷔지에가 선보인 철근콘크리트 구조는 벽이 아니라 기둥에 하중을 전달한다. 덕분에 원하는 곳에 벽을 자유롭게 세울 수 있었고, 유연한 공간 활용이 가능했다.

수평창 르코르뷔지에는 가로로 긴 수평창을 선호했다. 수평창은 집 안을 밝게 만들고 외부 풍경을 끌어들여 파노라마처럼 집 안에 펼쳐놓는다.

자유로운 입면 벽이 아닌 기둥에 하중이 전달되는 르코르뷔지에의 주택에서는 외벽을 자유롭게 디자인할 수 있었다. 수평창을 비롯해 어떠한 형태의 개구부 디자인도 가능했으나 르코르뷔지에는 '조정선'을 이용해 파사드의 조화를 유지했다.

모두를 위한 집

현대건축을 위한 투쟁

20세기 초 지구는 이전보다 훨씬 가까워졌다. 커다란 증기선이 대륙과 대륙 사이를 오갔고, 우편 수송 비행기는 항로 개척 임무를 수행했다. 산업화와 근대화는 마치 르코르뷔지에라는 건축가를 위해 드넓은 무대와 다양한 교통 수단을 마련한 것처럼 보였다. 르코르뷔지에는 이제 스위스와 프랑스에서만 활동하는 건축가가 아니었다. 1920년대 그의 주택은 독일 슈투트가르트, 벨기에 안트베르펜, 튀니지 카르타고 등에 지어졌다. 그의 책은 영어로 번역되었고, 저 멀리 아메리카 대륙에서도 강연 요청이 들어왔다. 그는 국경과 대륙을 초월한 유명세를 얻고 있었다.

물론 혁신주의자가 모두에게 환영받은 것은 아니다. 그를 향한 비판은 유명세 이상으로 거셌다. 독일 프라이부르크 대학 강의실에서는 하이데거가 집을 기계라 주장하는 "정신 나간 사람"에게 비난을 퍼부었다. 하이데거는 인간과 "자연을 몰아세우고 닦달"하는 기술을 비판적으로 바라보고 있었다. 보수적인 예술가들도 르코르뷔지에에 비판에 앞장섰다. 그들은 전시 방해 등의 실력 행사도 서슴지 않았다. 르코르뷔지에의 입장에서는 일면식도 없는 철학자의 교양 있는 비판보다 이들과의 충돌이 훨씬 고통스러웠을 것이다.

르코르뷔지에는 1927년 국제연맹 청사 설계 경기에서 공동 1등을 차지했다. 그러나 석연치 않은 이유로 당선이 취소되면서 이 건물은 지어지지 못했다. 이러한 결정에는 보수적인 건축계 인사들의 입김이 작용했는데, 그들은 '공장 건물'처럼 보이는 르코르뷔지에의 혁신적인 디자인을 전혀 마음에 들어하지 않았다. 사실 르코르뷔지에가 먼저 아카데미즘을 공격하며 예술계에 등장했으니 크게 서운해할 일은 아니었다. 게다가 그는 이런 상황에 매우 익숙했다. 불과 2년 전에도 비슷한 다툼을 벌인 적이 있기 때문이다.

파리 장식미술박람회에서 문제를 일으킨 것은 르코르뷔지에였다. 오늘날까지 아르테코Art Déco라는 줄임말이 사용될 정도로 이 전시는 영향력 있고 중요했다. 산업사회가 도래했고, 장식미술은 그에 대한 답을 내놓아야 했다. 박람회는 제1차 세계대전으로 몇 차례 연기된 끝에 1925년 4월에 개최되었다. 세계 각국의 예술가들은 산업 재료를 이용한 독창적이고 아름다운 예술을 선보였다. 그들은 기계가 만들어내는 무미건조한 제품에 맞서 예술적 독창성을 강조했다. 하지만 르코르뷔지에는 주택을 대량생산하는 방안을 소개했다. 그는 누구나 아름다운 환경에 둘러싸여 편히 살 수 있는 집을 가져야 한다고 믿었다.

르코르뷔지에의 '에스프리 누보관 Pavillon de l'Esprit Nouveau'에는

파리 장식미술박람회 전시장

1925년에 개최된 이 박람회는 새롭게 도래한 산업사회에 대해 장식미술이 어떻게 대응해야 하는지를 모색하는 자리였다. '아르데코'라는 용어도 이 전시에서 유래했다. 르코르뷔지에는 이 박람회를 위해 주택과 전시장이 결합된 에스프리 누보관을 지었다. 건물은 현대적인 디자인과 실용적인 내부 인테리어로 큰 관심을 불러일으켰고, 그에게 국제적인 명성을 안겨주었다. 르코르뷔지에는 전시장에 300만 명이 거주할 수 있는 파리 도시계획안을 소개했다.

300만 명이 거주하게 될 파리 도시계획안이 전시되었다. 그는 마천루와 넓은 도로, 녹지 공간으로 구성된 이 계획안을 '부아쟁 계획'이라 불렀다. 부아쟁은 본래 비행기 제작 회사로, 전후 자동차 산업에 뛰어들었다. 본래 주최 측은 '건축가의 집'이라는 주제로 전시를 진행해달라고 요청했다. 예술가만의 감성으로 귀감이 될 만한 아름다운 집을 꾸며 주기를 기대한 것이다. 하지만 르코르뷔지에는 예술가의 독창성이 발휘된 집에서 누구나 살 수 있어야 한다고 믿었다. 주택은 표준화, 규격화되어야 하고, 대량생산될 수 있어야 했다. 그는 건축가가 아니라 만인을 위한 집을 짓겠다는 고집을 꺾지 않았다. 박람회 의도와 정면 충돌하는 전시를 누가 좋아했겠는가. 이는 큰 갈등으로 이어졌다.

르코르뷔지에는 박람회 개최 1년 전 전시 계획안을 제출했다. 하지만 승인이 차일피일 미루어졌다. 공사가 지연되어 결국 에스프리 누보관은 박람회 날까지 완성되지 못했다. 주최 측에서는 전시관 주위에 6미터 높이의 담을 쌓았다. 르코르뷔지에는 이것을 조직적인 방해 행위로 여겼다. 주최 측의 입장은 달랐다. 그들은 단지 공사 중인 건물을 가렸을 뿐이었다.

에스프리 누보관은 박람회 개최 세 달이 지나서야 완공되었고, 프랑스 정부의 중재로 벽이 철거되었다. 부아쟁 계획은 과도한 급진성으로 많은 비판을 받았지만, 르코르뷔지에가 디자인한 전시장만큼은 큰 호응을 얻었다. 전시장은 밝고 깔끔하고 현대적이었다. 실험실에서나 보던 그릇과 병원 대기실에 놓여 있을 법한 가구들이 집 안에 놓여 새로운 분위기를 만들어냈다. 주최 측은 커다란 나무가 있어 모두가 기피하던 부지를 제공했지만, 재능 있는 건축가는 이마저도 조경과 디자인 요소로 활용했다. 나무를 사이에 두고 직육면체 모양 주택과 로툰다(둥근 지붕의 원형 건물) 형태의 전시장이 유기적으로 연결된 에스프리 누보관은 세계적으로 큰 화제가 되었다. 하지만 주최 측은 에스프리 누보관을 애써 무시했다. 그들은 이 건물에 건축이 없다고 믿었다.

찬란한 도시를 꿈꾸다

보수적인 아카데미즘과의 오랜 투쟁은 오히려 도약의 발판이 되었다. 르코르뷔지에는 온갖 소동에 의연하게 대처했다. 그는 자신의 주장을 가다듬는 데 집중했고, 저술과 전시를 통해 이를 설파했다. 그는 기계가 만들어낸 새로운 정신을 다시 한번 강조하며 『건축을 향하여』 증보판을 발행했다. 이 책은 에스프리 누보관 못지않은 화제를 불러일으켰다. 그의 주장은 일관되고 명확했다. 현대사회에 어울리는 새로운 건축이 필요하다는 것이다. 그는 과거에 매인 예술을 버리고 '엔지니어의 미학'을 배우라고 조언했다.

시대는 새로운 예술을 원하고 있었다. 르코르뷔지에의 주장은 이념적으로 대립하고 있던 미국과 소련에서도 호응을 얻었다. 모스크바에 그의 건물이 세워졌고, 뉴욕 모마에서는 그의 개인전이 열렸다. 우리가 '모던아트'라고 부르는 유럽의 급진적인 예술이 뉴욕에 소개되던 시절이었다. 모마 관장 알프레드 바, 건축 이론가 헨리러

셀 히치콕, 모마 큐레이터였다가 훗날 유명 건축가가 된 필립 존슨 같은 이들은 르코르뷔지에의 책과 비평문에 친숙했다. 그들은 학창 시절, 그의 책이 번역되는 것을 기다리지 못하고 파리에서 원서를 구해 돌려 보았다. 그의 사유는 이미 놀라운 영향력을 발휘하고 있었다.

르코르뷔지에는 관습에서 해방된 건축을 강조했다. 빠르게 달리기 위한 자동차와 먼 거리를 효율적으로 이동하는 비행기처럼 주택역시 인간의 삶에 최적화되어야 한다는 것이다. 그렇다고 그가 인간을 기능과 효율의 톱니바퀴 속으로 밀어 넣으려 했던 것은 아니다. 그는 기능주의자가 아니었다. 그가 자동차, 비행기, 증기선에서 본 것은 새로운 시대정신이지, 집이 진짜 기계가 되어야 한다는 것은 아니었다. 그는 건축가이기 이전에 매일 그림을 그리는 화가였고, 아름다움을 대단히 중시했다. 그의 주택은 편리한 기계이면서 예술이 되어야 했고, 무엇보다 시적인 감상을 불러일으켜야 했다. 그는 이를 '건축의 시학'이라 불렀다. 집을 살기 위한 기계라고 주장하면서 동시에 건축의 시학을 강조하는 그의 독특한 사상은 고층 빌딩으로 뒤덮인 뉴욕에서 큰 반향을 불러일으켰다. 미국은 산업화의 결실을 맺은 듯 보였지만, 대공황 이후 물질 너머의 세계에 관심을 보이고 있었다. 그의 사상과 예술은 뉴욕을 통해 신대륙 전체로 퍼져나갔다.

르코르뷔지에는 1929년 마르세유에서 증기선에 올랐다. 남아메리카 강연 여행을 위해서였다. 불과 한 해 전에도 그는 모스크바, 프라하, 바르셀로나 등지를 돌며 강연을 했다. 유명 예술가에게 이념이나 국경은 제약이 되지 않았다. 그는 모든 사람들에게 쾌적한 주택을 선물하겠다는 신념을 가지고 있었고, 전 세계의 대중과 건축가를 만날 수 있는 강연 여행은 이를 전파하는 데 대단히 중요했다. 르코르뷔지에는 스케치를 하면서 강연했다. 각 도시에서 받은 인상을 즉석에서 그렸는데, 이는 하나의 도시계획으로 이어졌다. 강연장에서 그의 펜은 마법을 부렸다. 새로운 도시와 건물이 청중의 눈앞에 나타나고, 설명하기 어려운 개념은 다이어그램으로 표현되었다. 평생 그림을 그려온 그의 펜은 청중을 쉽게 설득했다. 그의 디자인은 혁신적이었지만 그만큼 보편적이기도 했다. 그의 건축은 어느 도시에나 지어질 수 있었고, 어디에 놓여도 이상하지 않았다.

남아메리카에서 르코르뷔지에는 대단히 바쁜 일정을 소화했다. 대형 여객선을 타고 부에노스아이레스에 도착한 그는 비행기로 남미 대륙 전체를 돌아보았다. 파리에서 도제식 수업을 받던 시절 처음 목격한 비행기는 이제 유명 예술가의 교통수단이 되었다. 그는 페레 사무소에서 일하던 시절, 샤를 드 랑베르 백작이 에펠탑을 선회하는 광경을 목격하고는 큰 감명을 받았다. 그는 엔지니어가 누구보다 앞서 현대의 미학을 실천하고 있다고 믿었지만, 사실 파일럿의 도전 정신이 없었다면 비행기는 무용지물이 되었을 것이다. 비행기가 충분히 안전하지 못하던 시절, 개척 정신으로 무장한 파일럿들은 대륙과 대륙, 국가와 국가를 연결하는 항로 개척에 나섰고, 그들 중 많은 이들이 사고로 목숨을 잃었다.

앙투안 드 생텍쥐페리도 그중 하나였다. 모험심 강한 조종사였던 그는 1920년 말 아르헨티나에서 항로 개척과 우편물 배달 비행을

부에노스아이레스 도시계획안을 설명하는 르코르뷔지에

르코르뷔지에는 세계 곳곳을 다니며 일생 마흔두 개 도시의 계획안을 수립했고, 거의 모두 거
절당했다. 이는 시급한 도시 문제를 해결해야 한다는 사명감의 발로였지만, 자신이 전 세계 모
든 도시의 문제를 해결할 수 있다고 믿는 과도한 자신감이 엿보이는 대목이기도 하다. 그는 남
미 각국에서도 주거와 교통 문제를 일시에 해결할 수 있는 도시계획안을 관철하기 위해 동분
서주했다.

했다. 부에노스아이레스를 방문한 르코르뷔지에를 태우고 남미 대륙을 횡단한 이도 그였다. 속도에 높이가 더해지자 실로 놀라운 시각 경험이 시작되었다. 거대한 안데스산맥은 마치 "삶은 달걀의 주름"처럼 보였고, 극한의 추위를 뚫고 떠오른 태양은 푸른빛 가득한 하늘을 선사해주었다.

르코르뷔지에는 대기가 불안정해 흔들리는 기체 안에서도 거대한 강줄기와 끝없는 평원을 바라보며 즐거워했다. 비행기는 그에게 '새의 눈'을 허락해주었다. 이제껏 낮은 곳에서 한 눈으로만 세상을 보던 그는 하늘에 오르자 자신감에 차올랐다. 비행기 안에서는 인간의 발길이 닿지 않는 광활한 대지의 개척자가 되는 것도 어렵지 않아 보였다. 이 새로운 교통수단은 그가 상상만 하던 것을 현실로 만들어주었다. 예전에 그것은 도시를 잿더미로 만들었다. 전쟁은 끝났고, 이제 비행기는 건축가의 눈이 되어주었다. 그는 비행기 안에서 다시 한번 각오를 다졌다. '찬란한 도시'를 세워 사람들에게 쾌적하고 행복한 삶을 선물하는 것은 시급한 과제였다. 그는 파리에서, 부에노스아이레스에서, 리우데자네이루에서, 알제에서 새로운 시대에 어울리는 현대적인 도시를 세우기 위해 부단히 노력했다.

르코르뷔지에는 젊은 시절부터 도시계획에 큰 관심을 보였다. 개성이라고는 찾아볼 수 없는 프로이센 스타일의 도시에서 태어났기 때문이다. 처음 그의 목표는 고향 마을을 아름답게 바꾸는 것이었다. 하지만 갖가지 도시문제가 눈에 들어오기 시작하면서 모든 도시에 적용 가능한 근본적인 해결책을 고민하기 시작했다. 그는 쾌적하고 효율적인 현대 도시를 세우려는 열망에 사로잡혔다. 이를 위해 세계 각국의 정치인들을 만났으며, 그렇지 못할 때는 편지를 써서 보냈다. 하지만 1950년대까지 단 한 건의 도시 개발 계획도 성사시키지 못했다. 대신 그는 엄청난 질타와 비난을 받았다. 그의 도시계획안이 지나치게 급진적이고 무모했던 탓이다.

르코르뷔지에는 건축이 혁명을 대신해야 한다고 생각했다. 건축은 우리 삶에 직접적인 영향을 준다. 그것이 제대로 기능한다면 삶은 훨씬 나아질 것이고, 모든 것을 갈아엎는 혁명은 더 이상 필요 없을 것이다. 르코르뷔지에는 지중해를 중심으로 자신이 원하는 세상을 만들고자 했다. 그의 야심은 실로 대단했다. 그는 파리, 바르셀로나, 알제, 로마를 프로젝트의 거점으로 삼았다. 이 도시들은 지중해를 다이아몬드 형태로 감싸고 있다. 르코르뷔지에는 배를 타기 위해 마르세유를 드나들면서 이 일대의 중요성과 가능성을 본능적으로 직감했다. 유럽인에게 지중해는 세계로 나가는 관문이었다. 당연히 바다를 차지하려는 다툼이 끊이지 않았다. 그는 미개척지지를 찾아 헤매는 탐험가도, 그곳을 식민화하려는 제국주의자도 아니었지만 자신만의 방식으로 세상을 바꾸려 했다. 그리하여 현대적인 도시의 모습을 제안하고, 그러한 삶을 어디에서나 통용되는 보편적인 것으로 만들고자 했다. 그의 건축은 지중해 인근 도시에 세워져야 했고, 바닷길을 따라 세계 각처로 퍼져나가야 했다. 건축에서 모더니즘은 그렇게 형성되었다.

르코르뷔지에는 시대가 원하는 건축을 정확히 읽어냈지만 그에게는 식민 상황에 대한 인식도, 다양한 삶의 방식에 대한 이해도 결여되어 있었다. 그는 지중해 패권을 차지하려던 옛 로마인이나 식

브라질리아의 풍경

르코르뷔지에는 동료 건축가들과 함께 전 세계의 도시 문제를 고민했고, 이른바 국제주의 양식을 탄생시켰다. 근대건축과 도시에 대한 그의 이념은 브라질의 건축가 오스카 니마이어를 통해 남미 대륙에서도 구현되었다.

민정책을 펼치던 유럽 열강처럼 세계 건축의 질서를 확립하려는 욕심을 냈다. 그는 신념에 차 있었고, 용의주도했다. 세계 각처의 건축가들을 규합해 '근대건축국제회의CIAM'라는 모임을 만들었다. 첫 회의는 1933년 7월 마르세유에서 아테네로 향하는 여객선 위에서 열렸다. 지중해 한복판에서 그들은 전 세계의 주거 문제를 고민하고, 국제적으로 통용되는 건축양식 확립에 힘썼다. 세계 각 도시는 인구 과밀, 교통 체증, 비위생적인 주거환경 같은 비슷비슷한 문제를 안고 있었다. 건축가들은 산업화된 재료와 기술로 건축을 혁신하고, 도시의 고질적인 문제들을 일거에 해소하고자 노력했다. 낡은 전통 대신 현대적인 이념과 양식이 제안되었고, 이는 '국제주의 internationalism'라 불리는 세계 건축의 질서가 되었다. 어느 순간부터 전 세계 건축과 도시는 비슷비슷한 모습을 가지게 되었다. 하지만 정작 이 모든 과정을 주도한 르코르뷔지에는 1930년대 중반부터 근 10년간 단 한 채의 집도 짓지 못했다. 이 시기 그는 종이 위에서만 건축을 했다. 그럼에도 그는 활동을 멈추지 않았다. 새로운 도시계획안을 계속 선보였고, 저술과 강연을 이어나갔다. 그는 웬만한 강연자나 비평가 이상의 영향력을 발휘했다. 세상은 엉뚱하게만 들리던 그의 급진적인 주장에 점차 동화되어갔다.

내가 할 일은 여기에 있다

르코르뷔지에가 열정적으로 도시계획을 선보이던 당시, 프랑스는 극심한 혼란에 빠져 있었다. 제1차 세계대전의 여파가 채 가시기도 전에 다시 전운이 감돌기 시작했다. 전쟁 초기, 독일은 조심스럽게 프랑스 국경을 넘었다. 그들은 프랑스군이 주둔하지 않은 작은 마을 몇 개만을 차지하고서 확전을 자제하는 듯했다. 프랑스군 역시 전쟁을 주저했다. 프랑스인들은 전쟁이 다시 시작될 것이라고는 눈곱만큼도 생각하지 않았다. 하지만 독일군은 기대를 저버렸다. 그들은 마지노선을 우회해 허를 찔렀다. 그리고 놀라운 속도로 파리를 함락했다. 수도가 함락되자 내각이 총사퇴했고, 백전노장 앙리 필리페 페탱이 새로운 정부 수반에 올랐다. 그의 첫 임무는 독일과의 휴전협정이었다. 프랑스인들은 싸움을 원하지 않았다. 영국으로 건너가 지속적인 투쟁을 선언한 샤를 드골 같은 이는 그리 많지 않았다.

페탱은 취임 일주일 만에 휴전협정을 맺고, 독일이 점령한 북부 지방을 제외한 나머지 영토에 대한 통치권을 확보했다. 점령 지역과 자유 지역으로 영토가 나누어졌지만 프랑스인들은 전쟁을 멈추었다는 사실에 큰 의미를 두었다. 1940년 7월 1일, 페탱은 프랑스 중부 휴양도시인 비시에서 합법적인 정부를 출범시켰다. 이른바 비시정부는 1942년 11월까지 독일의 용인 아래 프랑스 자유 지역을 통치했고, 영토가 완전히 점령당한 이후에도 유지되었다.

프랑스 지식인들은 상황을 냉정히 판단하고 있었다. 그들은 마지노선을 지키지 못해서가 아니라 사회적, 도덕적 몰락 때문에 패배했다고 믿었다. 프랑스는 분명 쇠락의 길을 걷고 있었다. 그들은 무기력했으며 위기에 둔감했다. 두 차례의 전쟁, 사회주의 정권의 실패, 경제 위기, 파시즘의 대두가 모두 맞물려 총체적인 위기를 가져왔다. 그들에게는 사회적, 도덕적 개혁이 필요했다. 페탱은 일, 가족, 국가의 가치를 바로 세우고 새로운 사회질서를 확립해야 한다고 주장했다. 프랑스인들은 새로운 국가를 건설하겠다는 페탱의 비전에 동의하지 않을 수 없었다. 당시 누구도 눈치 채지 못했지만 언뜻 당연해 보이는 이러한 신념은 악용될 소지가 컸다. 히틀러가 이끄는 나치 역시 이와 다르지 않은 주장을 하고 있었다. 나치와 비시 정부는 '민족 혁명'과 '새로운 유럽'의 도래 같은 그럴듯한 구호를 매개로 협력했다. 잘 알려져 있듯이 유대인 말살 정책이나 우생학을 빙자한 반인륜적 범죄 등이 모두 이러한 구호 아래 자행되었다.

르코르뷔지에는 심정적으로 드골의 용기에 찬사를 보냈다. 그러면서도 다른 지식인들과 마찬가지로 페탱의 노선에 동의했다. 사회개혁은 곧 그의 건축 목표이기도 했다. 그는 다음과 같이 고백했다.

> 내가 할 일은 여기에 있다. 나는 패배하더라도 프랑스를 떠나지 않을 것이다. 아니, 떠날 수 없다. 나는 세상을 바로잡아야 하는 이곳에서 싸워야 한다.
>
> — 장 프티, 『르코르뷔지에 그 자신』, 86쪽

르코르뷔지에는 건축가의 방식으로 투쟁했다. 도심 곳곳에 포탄이 떨어지는 와중에도 그는 자신의 자리를 지켰다. 당시 그는 베냐민을 비롯한 수많은 유대인들이 넘으려 했던 피레네산맥 기슭에 세울 군수공장을 디자인하고 있었다. 공습이 시작되면 지하 대피실로 내달려야 하는 상황이었지만, 그의 아파트와 사무소에는 오히려 활기가 넘쳤다. 이런 분위기에 찬물을 끼얹은 것은 독일군이었다. 파리가 함락되었고, 군수공장 설립 계획이 중단되었다. 사람들은 썰물처럼 도시를 빠져나갔다. 생텍쥐페리는 하늘에서 바라본 이 광경을 '거인이 무너뜨린 개미총'에 비유했다. 르코르뷔지에도 사무소를 폐쇄했다. 그리고 1940년 7월 3일, 아내 이본과 반려견 팡소와 함께 비시에 당도했다. 페탱이 비시에 새로운 정부를 수립한 지 불과 이틀 뒤의 일이었다.

르코르뷔지에는 생텍쥐페리 같은 예술가나 동업자인 잔느레와 다른 길을 선택했다. 생텍쥐페리는 알제리에서, 잔느레는 그르노블에서 레지스탕스에 가담했다. 그러나 르코르뷔지에는 독일이 아니라 타락한 세상과 싸워야 한다고 믿었다. 그는 동업자와 완전히 갈라서면서도 레지스탕스의 총을 든 투쟁에 동의하지 않았다. 페탱의 새로운 유럽 건설에 기대를 걸고 있었기 때문이다. 이는 대단히 현실적인 선택이었다. 비시정부는 독일의 승인 아래 식민지에 대한 지배권을 유지하고 있었고, 르코르뷔지에는 벌써 10년 가까이 알제 도시계획에 매달리고 있었다. 알제는 그의 지중해 계획의 첫 단추나 마찬가지였다.

식민 도시 알제

르코르뷔지에는 1931년부터 거의 매년 알제를 방문했다. 그는 식민 통치 100주년을 맞은 알제리의 수도에 '건축적 질서'를 부여

알제의 풍경

르코르뷔지에는 1931년부터 알제의 도시계획에 관심을 보였다. 실현되지 못한 이 계획에서 그는 해변을 따라 공중도로를 건설하고 그 밑에 아파트를 넣어 18만 명의 노동자를 수용하고자 했다. 마치 날아가는 포탄의 궤적을 닮은 이 디자인은 '플랑 오뷔Plan Obus'라는 이름으로 불렸다.

하고 싶어 했다. 지중해의 요충지에 자리 잡은 이 도시는 대부분의 역사를 피지배 상태로 보냈다. 카르타고, 로마, 오스만제국, 프랑스에 이르기까지 수많은 세력이 수천 년간 이 도시를 통치했고, 자신들의 입맛에 맞게 변화시켰다. 프랑스인들은 구시가지를 비교적 잘 보존했지만, 명확한 계획 없이 도시 개발을 시도했다. 해변에 신시가지를 조성했고, 군대를 주둔시키기 위해 곳곳에 커다란 도로를 뚫었다. 언덕 위에는 성당이 들어섰고, 일부 모스크는 병원이나 공공 기관 등으로 활용되었다.

르코르뷔지에는 기능적으로 질서 잡힌 도시 모습을 열망했다. 그는 파리나 부에노스아이레스에서 그랬듯이 알제에서 이를 현실로 만들고 싶어 했다. 알제의 시장은 처음부터 르코르뷔지에에게 호의를 보였다. 르코르뷔지에는 여섯 차례에 걸쳐 도시계획안을 수정하는 정성을 보였다. '플랑 오뷔Plan Obus'라 이름 붙인 알제의 도시계획에는 남미에서의 비행 경험이 그대로 녹아들었다. 그는 '날아가는 포탄'의 궤적을 그대로 닮은 고속도로를 지중해 연안에 배치했다. 그것은 도심과 항만을 빠르게 연결하기 위해 약 60미터에서 90미터 높이에 자리 잡았다. 하늘에서 세상을 내려다보는 건축가에게 이 정도 높이는 아무것도 아니었다. 그는 동서를 관통하는 이 자동차 도로를 '끝없는 뱀'이라 불렀다. 그것은 끝없이 연장될 수 있었고, 항만과 도시를 유기적으로 연결해줄 것이었다.

르코르뷔지에는 이 공중 도로에 한 가지 기능을 덧붙였다. 도로 밑에 노동자를 위한 아파트를 배치한 것이다. 자동차 도로는 집합 주거의 옥상이 되었다. 이 거대한 아파트 단지는 18만 명에 이르는 인구를 수용할 수 있었다. 르코르뷔지에는 공중 도로를 통해 교통과 물류 운송뿐만 아니라 알제의 주거 문제를 일거에 해결하고자 했다. 그는 도시 기능 역시 간과하지 않았다. 공공 기관과 금융 타운을 알제의 곳에 배치했고, 구름다리를 통해 구도심인 카스바와 연결했다.

르코르뷔지에는 알제의 지정학적 위치에 큰 매력을 느꼈다. 지중해 연안에 위치한 이 도시는 큰 잠재력을 가지고 있었다. 그의 손을 거친다면 알제는 북아프리카의 중심 도시로 우뚝 서게 될 것이었다. 그는 알제를 지중해를 둘러싼 다이아몬드의 한 축으로 삼았다. 교통수단의 발달로 세계가 밀접히 연결된 시기에 건축가는 식민 도시에 새로운 비전을 제시했다. 그는 이 도시를 근대화해 지정학적 질서에 변화를 가져오고자 했지만 식민지의 현실에는 크게 관심이 없었다. 알제리의 종교적 전통과 사회적 분열, 유럽 문명과의 충돌 등은 관심사가 아니었다. 그는 식민 통치자의 시선 또는 반대로 아예 탈식민화된 시선으로 도시 문제 해결에만 관심을 두었고, '희망 없는 나환자촌' 같은 도시의 무질서 극복에만 관심을 두고 전 세계 어디서나 통할 만병통치약을 찾았다. 그는 지중해라는 세계의 중심에서 하나의 질서를 만들어가고 있었다.

찬란한 도시

르코르뷔지에는 두 차례의 전쟁과 이념의 소용돌이 속에서도 오직 도시와 건축에만 관심을 두었다. 그는 도시계획 프로젝트를 위해 괴뢰정부를 따라 비시로 이주했고, 베니토 무솔리니의 초청을 받아 이탈리아를 방문하기도 했다. 서방세계와 이념적으로 대립하던 소련을 찾는 것도 전혀 개의치 않았다. 집과 도시를 건설할 수 있다면 그는 아마 지옥이라도 찾아 들어갔을 것이다. 이러한 태도는 전후 그의 입지에 대단히 불리하게 작용했다. 1942년, 건축 사무소를 다시 열었지만 운영이 쉽지 않았다. 르코르뷔지에는 도시계획에 매진했으며, 당시 폭격으로 폐허가 된 생디에 재개발 사업을 진행하면서 지난 시간을 보상받고자 했다. 하지만 주상복합아파트가 여덟 채나 포함된 그의 계획안은 쉽게 통과되지 않았다. 생디에 주민들은 "우리더러 이런 엉터리 건물에서 살라는 거냐"라며 도리어 화를 냈다. 2만 명 가까운 난민이 발생했음에도 집합 주거는 여전히 환영받지 못하고 있었다.

비슷한 시기에 드골은 개선문 행진을 벌였다. 르코르뷔지에는 강력한 지도자의 등장에 고무되었다. 더 정확히 말하자면 그는 앞으로 벌어질 대규모 건설 사업에 관심이 있었다. 전쟁으로 폐허가 된 국토를 재건하고 난민에게 집을 공급하는 일은 시급한 문제이자 국가가 해야 하는 최소한의 의무였다. 부에노스아이레스나 알제에서와 다르게 그는 프로젝트 성사를 위해 정치인을 설득할 필요가 없었다. 게다가 국토 재건 사업은 규모 자체가 달랐다. 그는 국가재건위원회의 연락을 받자마자 여행길에 올랐다. 전쟁 직후 교통이 정상화되지 못한 시절이었다. 잠시 스위스에 머물던 그는 파리를 거쳐 라로셀로 향했고, 거기서 꼬박 이틀을 기다려 드골과 마주했다. 르코르뷔지에는 큰 기대를 안고 먼 길을 달려왔지만 임시정부 수반인 드골에게 이는 스쳐 지나가는 만남에 불과했다. 그럼에도 드골과 나눈 악수는 매우 중요했다. 오직 프로젝트 성사에만 목숨 걸던 르코르뷔지에는 당시 파시즘, 볼셰비즘, 반유대주의 같은 오명을 쓸 위기에 처해 있었다. 심지어 동업자였던 사촌 잔느레마저도 그의 처신을 비난할 정도였다. 하지만 전쟁 영웅과의 만남은 그 자체로 사면장이 되었다. 불과 며칠 뒤 그는 국가재건장관의 전화를 받게 되었다. 마르세유에 있는 위니테 다비타시옹은 그렇게 지어졌다.

이 커다란 아파트는 그의 인생에서 전환점이 되었다. 큰 규모의 프로젝트가 다시 가동되면서 사무소는 활기를 되찾았다. 그는 처음으로 '찬란한 도시Ville radieuse'를 선보일 수 있게 되었다. 무엇보다 생디에를 위해 구상한 주상복합아파트를 현실화할 수 있는 계기가 마련되었다. 경제적 곤란을 겪던 그와 사무소 직원들에게 참으로 다행스러운 일이었다.

'아파트'는 오래된 개념이다. 근대화를 겪으면서 사회주의 실천가들은 더불어 사는 방식을 고민했다. 농업 공동체를 꿈꾸었던 샤를 푸리에나 협동조합 운동을 시작한 로버트 오언 같은 사회주의자들은 공동생활을 유토피아적인 삶의 방식이라 여겼다. 그들에게 노동환경과 주거환경 개선, 사회복지 등은 별개 문제가 아니었다. 공장은 매연을 뿜어대고 수십 명의 노동자가 좁은 숙소에 뒤엉켜 살던 시절, 그들은 '인민을 위한 베르사유'를 꿈꾸었다.

두 차례의 전쟁이 지나가자 아파트는 더 이상 사회 실천 운동

샤를 푸리에가 구상한 집합 주거 단지

제2차 세계대전이 끝난 뒤 프랑스 국가재건장관 라울 도트리는 르코르뷔지에에게 아파트 건설을 요청했다. 전쟁으로 각 도시가 폐허가 된 상황에서 집합 주거 단지 건설은 선택의 문제가 아니었다. 르코르뷔지에는 푸리에의 '팔랑스테르phalanstere'를 모델로 약 1600명이 함께 살 수 있는 거대한 아파트를 선보였다.

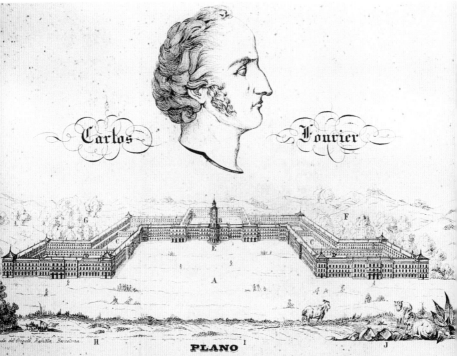

이 아니라 현실적인 대안이 되었다. 수백 년에 걸쳐 형성된 도시들이 하루아침에 잿더미가 되었고, 거리에는 난민이 넘쳐났다. 프랑스 정부는 지체 없이 아파트 건설을 결정했다. 르코르뷔지에의 위니테 다비타시옹은 단 한 번의 공사로 1600명에게 집을 줄 수 있었다. 이 숫자는 푸리에에게서 나온 것이다. 푸리에는 광장을 둘러싼 주택단지에 1600명에서 1800명가량의 인구를 수용하려 했고, 이를 '팔랑스테르phalanstère'라 불렀다. 르코르뷔지에는 이보다 훨씬 효율적인 집합 주거를 마르세유의 대로에 구현했다. 푸리에는 3층에서 5층 사이의 아파트 여러 채를 상상했지만, 천재 건축가에게 건물은 단 한 채로 충분했다. 그가 지은 아파트에는 337가구가 살 수 있었고, 학교, 상점, 약국, 세탁소 같은 모든 편의 시설이 구비되어 있었다. 아파트는 모든 도시 기능을 대체했다. 그는 마르세유의 언덕에 '찬란한 도시'를 지어 올렸다.

르코르뷔지에의 주상복합아파트 계획안은 생디에에서와 마찬가지로 호감을 얻지 못했다. 사람들은 처음 보는 거대한 아파트를 꺼려했다. 특히 프랑스 보건국은 전염병 확산을 우려해 건설 계획 자체를 반대했다. 그들은 1600명이나 되는 사람들이 한 건물에 몰려 있는 것을 생각도 하기 싫었을 것이다. 하지만 근대건축은 위생 문제에 대한 나름의 해결책을 가지고 있었다. 르코르뷔지에는 상하수도 시설만이 아니라 빛과 신선한 공기까지도 건축의 주요한 일부라고 생각했다. 그가 여러 도시계획안에서 30층 넘는 마천루를 선보인 것은 이 때문이었다. 그는 잠재적 보균자가 잔뜩 모여 있는 건물보다는 마천루 사이에 만들어질 녹지 공간을 상상했다. 고층 아파트에 인구를 수용하면 그만큼 넓은 녹지 공간을 확보할 수 있었다.

르코르뷔지에는 1935년 미국을 처음 방문했을 때, "뉴욕의 빌딩들이 충분히 높지 않다"라고 말해 큰 충격을 안겼다. 뉴욕은 관광버스를 타면 3분의 2 이상을 빌딩 설명에 할애하는 도시다. 그의 의도는 분명했다. 도시의 70퍼센트 이상을 녹지로 채워야 한다고 믿던 것이다. 불행히도 이는 예나 지금이나 아무도 귀 기울이지 않는 주장이다. 녹지 공간 확보라는 명분 없이 아파트와 빌딩이 아직까지도 다닥다닥 붙어 지어지고 있고, 덕분에 현대 도시는 잿빛 가득한 하늘을 얻게 되었다.

르코르뷔지에는 도시에 여유 있는 공간과 녹지를 공급하고 싶어 했지만, 정작 그의 건축은 '브루탈리즘brutalism'의 대명사로 일컬어진다. 이는 철근콘크리트로 지은 회색 건물을 싫어하던 비평가들이 붙인 수식어였다. 꼭 대리석이 아니더라도 화려한 테라코타로 장식된 건물에 익숙하던 이들은, 산업 재료로 지은 현대건축을 '야만적'이라 느꼈다. 하지만 신축 건물이 야만적이면 얼마나 야만적이었겠는가? 르코르뷔지에의 건물은 백색 건축으로 잘못 기억되고 있는 파르테논신전처럼 오해를 받았다.

마르세유에서 그는 햇빛을 가리는 차양으로 건물에 율동감을 만들어냈고, 거기에 다양한 색을 더했다. 면 분할과 색채로 시선을 분산시켜 커다란 건물에 경쾌한 리듬감을 부여한 것이다. 덕분에 거대한 아파트는 위압감을 주는 대신 따뜻한 인상을 전해준다. 건축가는 집합 주거와 거대 건축에 대한 사람들의 거부감을 바꾸고자 했다. 그는 사람을 위한 집을 공급하려 했지 거대한 건물로 비인간적인 환경을 조성하려 하지는 않았다. 그는 따뜻한 햇살과 여유 있는 공간, 그리고 녹지가 있는 곳에서의 고요한 생활을 동경했다. 동시에 건축가로서 위대하고 품위 있고, 우아함과 행복이 있는 훌륭한 건축물을 짓고자 했다. 인간의 행복과 위대한 건축은 본래 별개 문제가 아니니 사실 이 둘은 같은 이야기였다. 좋은 건축물은 거주민에게 안락함을 선사한다. 그리고 거주민이 행복을 느낀다면 그것이 곧 좋은 건축이 될 것이다.

르코르뷔지에는 부모님을 위해 지은 하얀 집과 빌라 사보아 등지에서 이미 몇 차례 시행착오를 겪으면서 기술적 진보와 예술적 욕심이 거주자의 행복을 보장하지 않는다는 사실을 깊이 깨달았다. 대신 아름답고 편리하면서도 시대가 원하는 건축을 만드는 원리를 찾고자 했다. 그는 집을 지을 수 없었던 전쟁 기간에 치밀한 연구를 계속했고, 자신의 성과를 마르세유의 아파트에 적용했다. 단순히 집을 짓는 것이 아니라 건축의 근본 원리를 고민하면서 그는 진정한 대가로 거듭났다. 그의 건축은 이제 자신의 본모습을 제대로 드러내고 있었다. 그는 파르테논신전이나 동방의 모스크에서 본 비례와 균제의 원리를 현대화하여 자신이 짓는 아파트에 적용했다. 그가 '모뒬로르'라 이름 붙인 조형 원리를 적용한 아파트는 그렇게 위대한 건축물의 계보를 잇게 되었다.

위니테 다비타시옹은 공사 단계부터 큰 화제가 되었다. 유명 인사들이 공사 현장을 찾았는데, 1949년 피카소의 방문이 특히 주목을 받았다. 휴가지에 머물던 르코르뷔지에는 위대한 예술가를 맞이하러 한달음에 공사 현장으로 달려갔다. 피카소는 이에 화답하듯 온

종일 공사장에서 시간을 보냈다. 그는 건물 곳곳에서 큰 감명을 받았다. 가구와 수납장부터, 각 세대를 위해 특별히 디자인한 스물세 개의 유닛, 건물 한 층을 차지한 쇼핑 거리와 학교, 창으로 쏟아지는 밝은 햇살과 그 아래 펼쳐진 지중해 풍경은 절로 감탄을 자아냈다. 피카소는 심지어 미완성된 공간에서도 감탄사를 내뱉었다. 그는 건축가가 오랜 기간 추구해온 '순수한 예술'과 '새로운 정신'을 이제야 제대로 이해할 수 있게 되었다. 피카소의 경탄은 둘 사이의 해묵은 감정을 씻어주었다. 르코르뷔지에는 훗날 이 순간을 기억하며 피카소를 르누아르보다 위대한 예술가로 꼽았다. 피카소는 얼마 뒤 자신의 별장을 수리하면서 르코르뷔지에에게 조언을 구했다. 그들은 비판과 경쟁을 멈추고 서로를 이해하고 존중하는 사이가 되었다.

인간을 위한 건축

위니테 다비타시옹은 지중해가 내려다보이는 언덕에서 따뜻한 햇살을 받고 서 있다. 르코르뷔지에는 햇살 아래 놓인 기하학 형태를 좋아했다. 마르세유의 아파트 역시 그가 동방 여행에서 본 신전들처럼 명쾌한 형태로 지어졌다. 하지만 건물은 꽤 복잡한 유닛들로 구성되어 있다. 그는 독신 가정부터 대가족에 이르는 각양각색의 주거 형태를 고려해 스물세 개의 유닛을 준비했고, 이를 직육면체 형태의 건물에 채워넣었다. 건물 전체가 기둥과 보로 지탱되었기에 가능한 일이었다. 그는 이 거대한 건물을 와인 저장고에 비유

거리 이름이 된 '르코르뷔지에'

르코르뷔지에의 발자취를 따라가다 보면 그의 이름이 붙은 거리와 지명을 종종 마주하게 된다. 우리 삶에 지대한 영향을 끼친 그는 다양한 방식으로 곳곳에 자신의 흔적을 남겨놓았다.

했다. 독신자부터 대가족까지 337가구가 살아갈 집의 구조는 삶의 모습만큼 다양했지만, 아파트는 형형색색의 와인병을 담은 저장고처럼 간결한 형태를 유지했다. 이 모든 것이 오랜 연구 끝에 완성한 모뒬로르 덕분이었다.

르코르뷔지에는 젊은 시절부터 자를 들고 여행을 다녔다. 그의 옷에는 자를 넣는 주머니가 따로 있었다. 그는 건축물만이 아니라 보기 좋은 사물이 있으면 그 자리에서 치수를 쟀다. 그는 편리하면서 아름다운 비율을 찾아내기 위해 오랫동안 연구를 계속했고, 사람의 몸에서 얻어낸 치수를 점차 공간으로 확장해나갔다. 수학적 비율로부터 아름다운 형태를 만들려는 태도는 상당히 고전적이다. 하지만 그는 이를 당연하게 여겼다. 피아노 선생님이었던 어머니 밑에서 자란 그는, 아름다운 선율이 사실상 인위적인 스케일에서 나온다는 사실을 잘 알고 있었다. 피아노는 세상 모든 소리를 내지 않는다. 현의 길이에 따라 인공적으로 음계가 만들어지고, 음악은 그 음과 음 사이의 조화 속에서 창조된다. 르코르뷔지에는 이처럼 아름다움을 만드는 비례를 조형예술에서 찾고자 했다. 그의 모뒬로르는 오선지나 마찬가지였다. 음의 관계를 정확한 비율로 표현해주는 악보처럼 모뒬로르는 아름다운 공간과 형태를 만드는 시각의 척도가 되었다. 그것은 조형예술을 음악의 수준으로 이끌고, 인간이 사용하기에 편리한 공간을 구성하며, 동시에 건축의 표준화를 이끄는 수단이기도 했다. 일정한 기준에 따라 규격화된 건축물이 만들어진다면 건축자재와 주택 공급이 훨씬 수월하지 않겠는가. 인체에 기반한 모뒬로르는 편리하고 아름답고 경제적이었다. 아인슈타인의 표현대로 그것은 "나쁜 것을 막아주고 좋은 것을 도와주는" 비례의 척도였다.

르코르뷔지에는 오랜 연구 끝에 모뒬로르에 대한 특허를 신청했다. 몇 년 뒤에는 이를 책으로 출판했다. 학위 없는 건축가는 이로 인해 명예 박사 학위까지 받게 되었다. 하지만 모뒬로르의 유용성을 제대로 보여준 것은 마르세유의 아파트였다. 인체를 기초로 표준화, 규격화한 건축은 생활하기에 편리했고, 무엇보다 대량 공급이 가능했다. 이전까지 건축가들이 설계한 주택은 귀족과 부유층의 전유물이었다. 안타깝게도 그가 1920년대 이후 선보인 주택들 역시 설계비를 지불할 능력이 있는 재력가들의 차지였다. 위니테 다비타시옹은 그동안 소수의 선별된 이들이 독점해온 공간을 모두에게 제공했다.

르코르뷔지에는 스무 살에 품은 꿈을 이루었다. 당시 젊은 건축학도는 피렌체 인근의 에마수도원을 여행하면서 그 공간을 세상에 옮겨올 수 있기를 갈망했다. 단순히 수도원의 아름다운 풍경 때문만은 아니었다. 수도사의 방은 협소했지만 정갈했고, 개인의 사적인 삶을 보호해주었다. 단체 생활을 위해 이동하는 공간에는 아름다운 정원과 산책로가 자리 잡고 있었다. 그는 개인의 삶이 보호되면서도 더불어 사는 삶이 가능한 아름다운 수도원 공간을 자기 건축의 이상으로 삼았다. 그리고 자신이 꿈꾸던 건축을 이제 마르세유에서 구현해냈다. 사람들은 잘 짜인 유닛에서 편안한 생활을 했고, 도시 기능이 집약된 건물 내에서 더불어 사는 삶의 기쁨을 누렸다. 아파트에는 학교와 어린이를 위한 수영장까지 구비되어 있었다. 어른들은 옥상 수영장 옆에서 세찬 바닷바람을 맞으며 일광욕을 즐겼다. 아파트 건물은 마치 한 척의 크루즈선 같았다. 위니테 다비타시옹의 갑판과 선실에서는 저 멀리 지중해가 내려다보였다. 대형 여객선을 타고 아메리카 대륙을 다녀온 르코르뷔지에는 자신이 마르세유에 지어놓은 배를 곳곳에 띄워 보냈다. 위니테 다비타시옹은 마르세유뿐만 아니라 낭트, 브리에, 심지어 적국이었던 독일 베를린에도 지어졌다. 그의 건축은 어디에 지어져도 이상하지 않았고, 누구에게나 편리했다. '건축가의 집'이 아니라 건축가가 지은 집을 모두에게 선사하고 싶었던 그는 소기의 목적을 달성했다. 그가 지은 아파트는 식민주의자들이 신대륙을 차지한 것보다 빠른 속도로 세계 각국의 도시를 파고들었다. 오늘날 아파트는 어디에서도 전혀 낯설지 않은 주거 방식이 되었다. 건축의 모더니즘은 인민을 위해 시작되었고, 건축가들의 휴머니즘은 도시의 모습을 비슷하게 만들었다.

형언할 수 없는 공간

영원에 다가가는 건축

건축이라는 예술은 영원과 위대함을 상대한다. 그것은 수백, 수천 년간 존속하면서 대지의 일부가 된다. 파르테논신전이 그랬고, 보스포루스해협과 아토스산의 사원들이 그랬다. 르코르뷔지에는 고대건축가처럼 '형언할 수 없는' 아름답고 신성한 건축을 하고 싶어 했다. 그는 20대에 떠난 동방 여행에서 위대한 건축과 마주했고, 큰 두려움을 경험했다. 당시 그는 이 숭고한 예술을 감당할 준비가 되어 있지 않았다.

젊은 건축가는 위대한 기념비를 그저 동경했다. 그는 일생 언덕 위 신전을 잊지 못했다. 밝은 햇살 아래 찬란하게 빛나던 간결한 백색 건축은 그의 뇌리에 각인되었다. 그는 이를 자기 예술의 이상향으로 삼았다. 언덕 위 신전은 간결하고 직관적이었으며, 아름다운 형상을 지녔다. 그는 이를 '순수주의'라 불렀고, 나이가 들어서는 '진실의 건축'이라 말했다. 그는 시대를 뛰어넘어 울림을 주는 건축의 형태를 연구했다. 자연 형상을 연구하고 수많은 프로젝트를 진행하는 동안 그의 건축은 '기계'가 아닌 '시적 반응을 불러일으키는 대상'이 되어갔다. 그는 예술을 통해 점차 영원에 다가가고 있었다.

1950년 6월 4일, 르코르뷔지에는 프랑스 시골 마을 언덕에 올랐다. 거기서 그는 반나절을 머물며 스케치에 몰두했다. 그림을 그리다 보니 시간이 훌쩍 지나갔다고 말하는 편이 더 정확할 것이다. 그는 언덕에서 어떤 영감을 받은 듯했다. 태양이 무너진 건물 잔해 위로 무심히 지나갔고, 저 멀리 언덕 아래 보이는 지평선이 그를 사로잡았다. 그는 자신이 그토록 동경하던 고대건축가의 자리에 서 있음을 직감했다. 신출내기 건축학도가 30년을 돌고 돌아 드디어 언덕 위 신전의 자리에 오르게 된 것이다. 그는 롱샹 마을 언덕에 성당을 지어달라는 건축 의뢰를 수락하기로 마음먹었다. 이미 그는 자기가 받은 감동을 시각적인 형태로 풀어내고 있었다. 그의 스케치북은 유려한 곡선으로 채워졌고, 대지의 모습과 건물 입면, 그리고 외부 제단이 형체를 드러내었다. 수십 년간 꿈꾸고 수없이 상상하던 위대한 건축물이 그의 손에서 탄생하는 순간이었다.

두 달 전만 해도 르코르뷔지에는 롱샹성당 설계 수주에 미온적이었다. 그는 가톨릭 수사들에 대한 감정이 좋지 않았다. 불과 얼마 전 생봄에 지중 성당을 지으려던 계획을 거절당했기 때문이다. 땅속에 예배당을 만들려는 건축가의 계획은 신뢰를 얻지 못했고, 건축의 안정성과 함께 무신론에 가까운 그의 종교관 역시 문제가 되었다. 그는 가톨릭 신자가 아니었고, 종교계 내부에는 믿음을 가진 건축가를 원하는 목소리가 존재했다. 신앙 없는 건축가가 성당을 짓는

르코르뷔지에의 조력자 마리알랭 쿠튀리에 신부

기독교와 현대 문화 사이의 거리를 좁히고자 했던 쿠튀리에 신부는 르코르뷔지에를 종교 건
축으로 이끌었으며, 종교계의 복잡한 요구로부터 그를 지켜주며 든든한 버팀목 역할을 했다.

것이 과연 타당한가? 종교 건축은 모든 면에서 복잡했다.

롱샹성당 건축을 의뢰받자 르코르뷔지에는 그들과 똑같은 핑계를 댔다. 이는 나름의 복수이면서, 위원회 스스로도 답하기 어려운 난제였다. 하지만 그에게는 마리알랭 쿠튀리에라는 든든한 조력자가 있었다. 가톨릭의 현대화를 위해 투쟁한 쿠튀리에 신부는 종교와 현대 문화의 괴리를 가슴 아파하며 이를 해소하고자 했다. 그는 피카소와 마티스가 왜 교회에서 일하지 않는지 물으면서 종교가 없는 예술가들에게 신을 위해 봉사할 기회를 주어야 한다고 주장했다. 그러면서 유대인 마르크 샤갈, 공산주의자 페르낭 레제 같은 이들을 교회 장식에 참여시켰고, 마티스에게는 방스성당 디자인을 맡겼다.

롱샹성당 재건 소식을 들은 쿠튀리에 신부는 브장송의 종교예술위원회에 수십 통의 편지를 보내 르코르뷔지에가 이 일의 적임자라는 사실을 각인시켰다. 그리고 동시에 건축가를 종용했다. 신부는 다소 거친 언사로 그를 몰아붙였다.

> 젠장, 지금 가톨릭 신자가 되라는 게 아니지 않소. 우리는 위대한 예술가가 필요해요. 성당을 찾는 사람들이 미적인 강렬함과 아름다움을 느낄 수 있게 해달란 말이오.
> ─ 앙드레 보겐스키, 『르 꼬르뷔제의 손』, 19쪽

르코르뷔지에는 작업을 수락했다. 신부는 건축가의 속마음을 정확히 읽어냈다. 건축가는 종교 논쟁에 휘말리고 싶지 않았던 것이다. 건축가에게 종교를 요구해야 하는지에 대한 판단은 예술 영역 밖의

일이었다. 르코르뷔지에는 작업에 집중하고 싶어 했다. 그의 일은 감동을 주는 공간을 만드는 것이었고, 그보다 적임자는 없었다.

쿠튀리에 신부는 예술을 향한 르코르뷔지에의 삶과 의지를 제대로 이해한 몇 안 되는 인물 중 하나였다. 그는 종교인으로서 정말 쉽지 않은 약속을 했다. 디자인의 자유를 전적으로 보장한 것이다. 르코르뷔지에의 디자인은 언제나 논쟁을 불러일으켰고, 종교 건축은 변수가 많았다. 르코르뷔지에와 쿠튀리에 신부는 위원회의 승인이 날 때까지 디자인 내용을 비밀에 부쳤다. 수많은 순례 행렬과 답사의 장소가 될 예배당 건축은 그렇게 조용히 시작되었다.

자연의 형상대로

롱샹은 유서 깊은 마을이다. 마을 언덕은 옛 로마군의 주둔지였고, 이후 그 자리에 성당이 들어섰다. 따스한 햇살이 비치는 언덕은 성모마리아에게 봉헌되었다. 12세기에 번듯한 성전이 들어섰고, 13세기부터는 순례자들이 찾는 성지가 되었다. 르코르뷔지에는 롱샹 언덕의 역사를 공부하면서 1844년 이후의 성당 건축 기록을 면밀히 살폈다. 브장송 교구는 롱샹성당을 알자스로렌 지방의 종교 중심지로 삼기 위해 전면적인 공사를 벌였다. 중세 건축에 새로운 예배당이 추가되었고, 아름다운 장식이 더해졌다. 브장송 교구는 1873년 성모마리아 축일 미사를 이곳에서 개최했다. 5만 5000명의 신도가 모인 대형 미사였다. 알자스로렌 지방 사람들은 신성한

롱샹 마을 풍경

르코르뷔지에는 한때 로마군 주둔지였던 작은 시골 마을 언덕에 노트르담뒤오성당이라는 위대한 건축물을 세워놓았다. 사진에 보이는 마을을 지나 언덕을 오른 순례자들은 컴컴한 동굴 같은 예배당에서 자신의 감싸는 하늘의 신령한 빛과 마주하게 된다.

언덕에 모여 프로이센으로부터의 해방을 기념했다. 하지만 성당은 1913년에 화재로 전소되었다. 1924년, 네오고딕 양식의 교회 건물이 들어섰지만 제2차 세계대전으로 다시 파괴되었다. 프랑스군은 게르만족을 감시하던 로마인들처럼 주위를 한눈에 내려다볼 수 있는 언덕에 자리를 잡았고, 독일군은 그보다 높은 곳에서 폭격을 가했다. 독일 폭격기는 언덕을 폐허로 만들었다.

1950년, 성당 재건 결정이 내려졌다. 마을 시장은 이를 썩 달가워하지 않았다. 그는 성당 재건이 아니라 마을 살리기에 돈을 투자해야 한다고 생각했다. 광산업에 의존하던 롱샹 마을은 쇠락하고 있었다. 신앙심 깊은 마을 사람들도 성당이 지어지는 동안 의구심을 버리지 못했다. 그들은 공사 중인 철근콘크리트 건물을 '벙커'라고 불렀다. 전쟁이 끝났음에도 지나치게 두꺼운 벽이 올라가고 있었고, 지붕은 이상한 모양으로 내려앉아 있었다. 기자와 비평가들은 성당에 '원자폭탄 대피소' '기독교 창고' '버섯' '갈색 모자' 같은 다양한 이름을 붙였다. 롱샹성당은 보통의 교회처럼 화려하게 장식된 입면을 가지고 있지 않았고, 어디가 앞이고 어디가 뒤인지 모를 이상한 형태로 지어지고 있었다. 성당의 모양은 '야만적인' 르코르뷔지에의 근대건축보다 더 이상해 보였다.

르코르뷔지에는 진지한 자세로 종교 건축에 임했다. 그는 콘크리트 건물을 지었지만 언덕에서 나온 돌 하나도 허투루 다루지 않았다. 깨진 돌과 작은 나무 조각에도 의미를 부여했고, 사소한 것 하나에도 정성을 쏟았다. 그는 옛 건물의 잔해를 모아 성당 옆에 피라미드를 쌓았다. 언덕에서 죽어간 프랑스 병사를 기리기 위해서였다.

가톨릭 제의와 성당의 역사 또한 소홀히 하지 않았다. 롱샹성당은 무너진 옛 성당의 윤곽과 방위에 맞추어 세워졌다. 세 개의 작은 예배실도 옛 교회의 모습을 고려해 배치되었다. 특히 화재와 폭격을 버텨낸 작은 성모자상은 성당의 중심이 되었다. 성유물이 보통 교회 깊숙이 보관되는 것과 달리, 르코르뷔지에는 17세기에 만들어진 이 나무 조각상을 동쪽 창에 배치해 내부와 외부 모두에서 바라볼 수 있게 했다. 덕분에 성모마리아는 밝은 햇살을 맞으며 순례자의 칭송을 받을 수 있었다. 성모마리아에게 바쳐진 교회에서 그녀는 그럴 권리가 있었다.

쿠튀리에의 선택은 틀리지 않았다. 르코르뷔지에는 롱샹의 역사와 가치, 순례자와 미사를 위한 공간, 사용자 편의를 위한 모뒬로르 적용까지 어느 것 하나 소홀함 없이 임무를 완수했다. 그는 3만 5000명이 언덕에 모인 1873년 9월 8일의 미사를 가벼이 여기지 않았다. 그는 야외 제단 디자인에 큰 공을 들였고, 순례자 쉼터와 성당 뒤편 빗물 저장고 디자인에도 세심한 주의를 기울였다. 흰색 페인트로 마감한 롱샹의 '노트르담뒤오성당'은 종교 건축의 복잡한 요구를 모두 고려한 듯했고, 모두를 만족시켰다. 1955년 6월 26일, 야외 제단에서 성대한 입당 예배가 열렸다.

롱샹성당은 파르테논신전처럼 언덕에 자리 잡고 있다. 성당을 찾는 순례자들은 멀리서 보이는 건물 지붕을 목표 삼아 언덕을 오르게 된다. 오늘날에는 안내센터와 주차장이 성당 초입에 자리 잡고 있지만, 옛 순례자들은 아마도 울창한 숲 사이로 밝게 빛나는 성당의 모습을 직접 볼 수 있었을 것이다. 성당은 아름답지만 약간 기이하다. 그것은 컴퓨터로 디자인한 현대건축처럼 이상한 형태로 지어졌다. 이전까지 르코르뷔지에는 보통 직육면체 형태로 건물을 지었다. 그것은 현대적이었고, 어디에 놓여도 이상하지 않았다. 심지어 그는 집을 미리 설계해놓고 땅을 보러 다니기도 했다. 하지만 이곳 롱샹 언덕에서 그는 모더니스트라기보다는 아티스트가 된 듯했다. 그는 대지에서 영감을 받아 그것에 어울리는 건물을 지었다. 그리고 이를 "형태의 영역에서 울리는 시각적 음향"이라고 말했다. 자신이 느낀 땅의 울림을 건물 형태에 반영했다는 것이다. 사실 롱샹성당의 모양은 사람이 그려냈다고 말하기에는 너무 이상하다. 간결한 형태를 선호하고, 합리적이고 효율적인 건축을 강조하던 그가 굳이 기울어진 지붕과 이상한 각도로 휜 벽을 지어 올릴 이유가 무엇이란 말인가.

  사실 역동적인 형태와 곡선은 그의 건축보다는 회화 작품에서 주로 발견된다. 르코르뷔지에는 젊은 시절부터 여인의 누드를 즐겨 그렸고, 인간 신체의 유려한 곡선에 익숙했다. 조개나 조약돌 같은, 해변에서 주워온 사물들도 그의 자유로운 형태 감각 형성에 한몫했다. 그는 폴 발레리의 『외팔리노스』 속 등장인물처럼 파도가 실어온 다양한 사물의 형태를 즐겨 감상했다. 잘 알려져 있듯이 롱샹성당의 특이한 지붕은 게딱지를 본뜬 것이다. 르코르뷔지에는 1946년 뉴욕을 방문했을 때, 롱아일랜드 해변에서 게딱지를 주워왔다. 파도에 떠밀려온 조개나 조약돌, 게딱지 같은 자연 사물은 모호한 형태를 지니고 있었다. 그것들은 분명 특이한 형태를 지니고 있지만 누군가 의도를 갖고 만든 것은 아니다. 만든 이도 본뜬 대상도 없는 이 사물들이 어떤 내용을 의미하거나 다른 대상을 지시하고 있지도 않았다. 발레리는 이를 '모호한 대상'이라 불렀다.

모호한 대상은 자연과 예술, 자연과 인공 같은 범주 구분에서 자유로워 초현실적으로 느껴진다. 르코르뷔지에는 이것이 이상적인 예술의 모습이라 생각했다. 그는 콘크리트가 천연 재료라고 믿었고, 그것을 버무려 모호한 대상을 만들어내려 했다. 그의 건축은 자연의 형상 그 자체여야 했다. 건축은 본래 인위적인 구축 행위이지만, 그럼에도 자연스러움을 추구한 것이다. 그는 기하학 형태를 선호했음에도 모호한 대상에 대한 관심을 포기하지 않았다. 오히려 나이가 들수록 모호한 대상이 주는 형태 감각이 기하학에 대한 선호 경향을 잠식해 들어갔다.

르코르뷔지에는 발레리의 모호한 대상을 감각적으로 소비했다. 바다 수영을 즐기던 그는 해변에서 주워온 돌과 조가비를 손에 쥐고 다녔다. 시간이 나면 제도대에 앉아 그것을 그렸다. 분명 그는 자기가 '발견한 형상'들에서 예술적인 영감을 받는 듯했다. 자연 사물, 더 정확히는 그것의 형태가 주는 울림에 감각적으로 반응했다. 그는 이를 '시적 반응'이라고 명명했다. 이와 함께 롱샹성당이 이러한 시적 반응의 대상이 되기를 기대했다. 그는 육중한 철근콘크리트 건축물에 모호한 형태를 부여했다. 하지만 건물이 너무 큰 탓에 그것을 손에 쥐고 형태를 느껴볼 수는 없다. 노련한 건축가는 건물의 촉각적 경험을 위해 빛을 활용했다. 태양은 성당 건물을 비추어 형태를 드러냈고, 그것을 생동하게 했다. 그는 젊은 시절 여행에서 본 '햇살 아래 형상'을 늘 가슴에 새기고 있었다. 태양은 피사와 시에나의 성당, 아크로폴리스의 신전만이 아니라 심지어 뉴욕의 빌딩에서도 숭고함을 느끼게 했다. 그것들은 시시각각 변하는 태양의 위치에 따라 새로운 형태를 드러내고 찬란한 빛을 뿜어냈다. 르코르뷔지에는 이를 롱샹 언덕에서 자신만의 방식으로 구현했다. 그는 성당 내부로 빛을 끌어들여 콘크리트 건물을 완전히 새롭게 변화시켰다.

빛 속에서 신을 만나다

롱샹성당은 규모가 작지 않지만 방문객에게 위압감을 주지는 않는다. 순례자가 처음 마주하는 성당 남쪽 면이 오목하게 휘어지고, 군데군데 창이 뚫려 있기 때문이다. 르코르뷔지에는 성당의 주출입구를 이곳에 배치했는데, 문은 미사 시간에만 개방되었다. 영리한 건축가는 닫힌 문을 캔버스로 활용했다. 문에는 마주 보고 있는 두 개의 손이 그려져 있다. 이는 수태고지를 다룬 르네상스 회화에서 가져온 것이다. 르코르뷔지에는 스무 살 때부터 피렌체를 여러차례 여행했고, 레오나르도 다빈치와 산드로 보티첼리 같은 거장이 그린 기독교의 결정적인 장면을 생생히 기억하고 있었다. 그는 신의 뜻을 전하는 천사 가브리엘의 손과, 순종을 의미하는 성모의 손 모양을 각기 붉은색과 파란색으로 그렸다. 천사의 손 뒤에는 삼위일체를 의미하는 피라미드, 성모의 손 곁에는 그리스도를 상징하는 별을 그렸다. 이로써 성모마리아에게 봉헌한 롱샹성당의 의미를 분명히 드러냈다. 성모를 통해 신과 인간, 신성과 세속의 만남이 가

프랑스 우표에 그려진 롱샹성당

라투레트수도원과 함께 르코르뷔지에의 종교 건축을 대표하는 작품으로, 정식 이름은 노트르담뒤오에배당이다. 이전까지 그는 통상 어디에 지어도 이상하지 않을 직육면체 형태로 지었지만, 이곳 롱상 언덕에서는 대지의 울림에 화답하는 건물을 지음으로써 그의 예술성을 제대로 드러냈다.

능해졌듯이 그는 하늘과 인간이 만나는 특별한 공간을 구축했다.

　정문은 보통 잠겨 있기에 성당 내부로 들어가려면 북쪽에 난 작은 문을 이용해야 한다. 순례자들은 성당을 서쪽으로 돌아가게 되는데, 르코르뷔지에는 거기에 빗물 저장고를 설치해놓았다. 언덕에는 항상 물이 부족했고, 취수 시설 설치는 계약 사항이었다. 그는 취수 시설에도 상징적인 의미를 부여했다. 두 개의 크고 작은 피라미드와 원통형 조형물로 빗물 저장고를 제작해 각기 성부, 성자, 성모의 상징으로 삼았다. 특히 빗물이 배수관 없이 지붕에서 직접 떨어지게 만들었다. 은혜는 하늘에서 내린다. 그것은 비로 인간을 적시고, 빛으로 그를 감싼다. 르코르뷔지에는 이 은혜의 사건이 성당 진입과 동시에 극대화되도록 연출했다. 롱샹성당에 들어선 순례자는 자신을 감싸는 형형색색의 빛 안에서 신의 임재를 경험하게 된다.

　롱샹성당은 마치 동굴처럼 외부 풍경 대신 내면에 집중하는 닫힌 공간으로 디자인되었다. 롱샹 언덕은 시각적 즐거움이 아니라 순례를 위한 장소였고, 성당은 신을 향한 여정의 종착지가 되어야 했다. 르코르뷔지에는 성당을 세속에서 영적인 세계로 이행하는 공간으로 만들었다. 이에 곳곳에 다양한 상징을 심어두었다. 그는 설교단으로 향하는 계단의 첫 기단을 공중에 띄워놓았다. 지상과 영적인 세계를 구분하기 위해서였다. 육중해 보이는 지붕 역시 공중으로 들렸다. 르코르뷔지에는 비행기 날개 구조를 흉내 내 지붕 무게를 줄였고, 기둥으로 하중을 분산시켰다. 덕분에 지붕과 벽 사이의 슬릿에서 천상의 빛이 스며들어왔다. 세 개의 개인 미사 공간 역시 아름다운 빛을 발산했다. 건축가는 제단 위를 마치 굴뚝처럼 높이 세워

빛을 끌어들였다. 남쪽 벽에는 스테인드글라스를 설치했다. 이로 인해 성당 내부는 강렬한 태양이 비치는 바깥세상과 완전히 다른 세계가 되었다. 크고 작은 창은 모뒬로르에 따라 철저히 계산되었지만, 이를 따지기에는 그 사이로 스며든 빛이 너무 아름다웠다. 그는 상징적인 단어와 이미지로 창문을 채웠다. 빛은 그의 예술을 거쳐 들어왔고, 육중한 철근콘크리트 공간을 완전히 뒤바꾸어놓았다.

찬란한 빛은 오늘날에도 여전히 우리를 비춘다. 그것은 신의 임재를 경험하게 하면서, 동시에 건축이라는 예술의 본성을 상기시킨다. 그것은 세계를 열고, 장소를 변화시킨다. 언덕 위 성전은 신과 인간, 세속과 영적 세계를 매개하면서 건축의 본질과 예술가의 위대한 성취를 동시에 기리고 있다.

진실의 건축

쿠튀리에 신부는 1954년 2월 9일 세상을 떠났다. 그는 근무력증을 앓고 있었다. 르코르뷔지에는 크게 상심했다. 생봄성당 프로젝트 당시 처음 만난 둘은 지난 몇 년간 깊은 우정을 나누었다. 종교계와 예술계 모두와 끝없는 투쟁을 벌여야 했으니 그들이 전우애로 뭉친 것은 당연했다. 르코르뷔지에는 재정 문제로 멈추어버린 종교 건축 프로젝트에 다시금 박차를 가했다. 그는 신부와 함께 시작한 프로젝트를 완성하는 것이 안타까움을 달래는 길이라 생각했다. 라투레트수도원은 그들이 함께한 마지막 작품이 되었다.

라투레트수도원의 모태가 된 르토로네수도원

쿠튀리에 신부는 르코르뷔지에에게 라투레트수도원 건축을 의뢰하며 르토로네수도원 방문을 권유했다. 르코르뷔지에는 신성한 빛과 고요한 어둠이 드리워진 수도원 공간에서 깊은 감명을 받았고, 이후 '진실의 건축'을 화두로 삼게 되었다.

쿠튀리에 신부는 롱샹성당 공사가 끝나기도 전에 다른 종교 건축
물을 르코르뷔지에에게 의뢰했다. 리옹 인근 시골 마을에 도미니크
회 수도원을 지어달라는 것이었다. 르코르뷔지에는 이를 썩 달가워
하지 않았다. 롱샹에 모든 역량을 쏟아부은 그는 더 이상 종교 건축
에 미련이 없었다. 그는 사람이 살지 않는 건축에 관심이 없노라며
거절 의사를 밝혔지만 신부의 의지는 확고했다. 쿠튀리에는 "많은
육신과 심령이 평안을 찾을 수" 있게 해달라고 요청했다. 수도원은
사람이 사는 공간이었고, "현대인에게 고요하고 평화로운 공간"을
제공하는 것은 건축가의 사명이었다. 쿠튀리에는 평소 지론대로 디
자인의 자유를 보장하면서 한 가지 요청을 덧붙였다. 프랑스 남동
쪽 바르 지역에 있는 르토로네수도원을 찾아가보라는 것이었다.

아르젠 계곡 안쪽에 자리 잡은 르토로네수도원은 르코르뷔지에
에게 깊은 감명을 주었다. 주변에서 나온 돌로 지은 수도원은 엄숙
하고 고요했다. 각 공간은 일과에 맞게 기능적으로 배분되었고, 소
박하지만 경건한 분위기를 유지했다. 찬란한 햇살이 내리면 건축물
곳곳에 깊은 그림자가 드리웠다. 이는 말로 표현하기 힘든 감동을
전해주었다. 신성한 빛과 고요한 어두움. 그는 이것을 '진실의 건축'
이라 불렀다. 수도원에 내린 빛과 그림자는 '건축의 진실과 평안, 그
리고 강인함'을 느끼게 했다. 이는 수도 생활의 덕목이면서, 그의 건
축이 지향하는 바이기도 했다. 그는 자신이 받은 특별한 인상을 사
진에 담아 가져왔다. 그것은 라투레트수도원의 모태가 되었다.

라투레트수도원은 리옹 인근 에뵈쉬르아브렐 마을 외곽 산비탈
에 지어졌다. 비탈진 땅에 자리 잡은 철근콘크리트 건축물에서는

검소함이 묻어난다. 르코르뷔지에는 빛과 그림자의 활동이 이 소박한 재료에서도 '온전한 풍부함'을 만들어낼 것이라 확신했다. 수도원은 간결한 형태로 지어졌고, 화려한 장식은 지양되었다. 페인트칠조차 되어 있지 않아 허름해 보이기도 하지만 덕분에 가톨릭 수사의 청빈한 삶이 건물에서 그대로 느껴진다.

르코르뷔지에는 특이한 방식으로 건물을 디자인했다. 산비탈을 찾은 그는 대지의 경사를 반영하는 대신 위에서부터 건물을 그려 내려갔다. 지붕 높이를 가장 먼저 결정했고, 산비탈이 아닌 저 멀리 보이는 지평선에 맞추어 건물을 디자인했다. 그래서인지 경사지에 자리 잡은 건물은 튀지 않고 안정감을 드러낸다. 르코르뷔지에의 눈에 산비탈은 미끄럼틀처럼 보였다. 그는 필로티로 건물을 공중에 띄웠다. 건물을 땅에 내려놓으면 세상으로 미끄러져 내릴 것 같았기 때문이다. 비탈길에 지은 수도원은 필로티 덕분에 흘러내리지 않고 자신의 형태를 유지하고 있다. 수도원은 세상과 거리를 두어야 했다. 영적인 세계를 지향하는 수사의 삶을 위해 건축은 자기 본성을 거슬러 위로 들렸다.

르코르뷔지에는 라투레트수도원에서도 하늘의 빛에 집중했다. 그는 돌이나 대리석이 아닌 철근콘크리트로 건물을 지었지만 빛은 어느 건물에나 공평하게 그림자를 드리웠다. 새벽 미사를 드리던 수사들은 하늘에서 내린 빛으로 공간이 물드는 것을 경험했고, 한낮에는 건물 곳곳에 드리워진 그림자의 율동을 즐겼다. 그림자처럼 변하지 않는 것이 신의 속성이라지만 우리는 그것을 통해 비로소 신의 존재를 알게 된다. 필로티 덕분에 건물 입면과 창을 자유롭게 디자인할 수 있었고, 이는 빛과 그림자의 다양한 변주를 만들어냈다. 수사들은 일과를 행하고 장소를 이동하면서 공간의 풍요로움을 경험했다. 예배당에는 르코르뷔지에가 '빛 대포'라고 부른 구멍을 통해 찬란한 빛이 쏟아졌다. 식당에서는 전원 풍경이 파노라마처럼 펼쳐졌다. 창살은 수학적 비례에 기초해 디자인되었고, 피에트 몬드리안의 문양이 활용되기도 했다. 빛과 그림자는 이곳 에뵈쉬르아브렐 마을에서도 진실의 건축을 만들어냈다. 묵상과 관조, 그리고 미사에 적합한 공간은 이를 통해 구현되었다.

수도원은 ㄷ자 모양으로 배치되었는데, 예배당이 북쪽으로 열린 수도원을 가로막아 외부 시선과 바람을 차단해준다. 본래 르코르뷔지에는 커다란 직육면체 모양의 건물을 계획했으나 수사들 중 어느 누구도 이를 좋아하지 않았다. 심지어 병상의 쿠튀리에도 도미니크회의 전례와 의식에 대한 긴 편지를 보내 건축가에게 주의를 당부했다. 이상한 건축물은 수도원 건립을 위한 모금 운동에도 좋지 않았다. 르코르뷔지에는 디자인을 대폭 수정했다. 그는 갈루초의 에마수도원에 대한 기억을 되살렸다. 더 정확히 말하자면 에마수도원은 평생 그의 머릿속에 새겨져 있었다. 수도사의 방과 일과를 위한 공용

라투레트수도원의 수도사

라투레트 수도원은 가톨릭 수사 양성 기관으로 설립되었다. 도미니크회는 80명의 수사를 7년간 교육할 수 있는 수도원 학교를 설립했으나, 교황 요한 23세의 개혁 운동 여파에 휩쓸려 1970년에는 단 한 명의 학생과 약 스무 명의 사제만이 수도원에 남게 되었다. 라투르트수도원은 오늘날 컨퍼런스와 문화 행사를 위한 공간으로도 활용되고 있다.

공간, 그리고 둘을 이어주는 회랑과 중정이 거장의 손을 통해 현대적으로 재배치되었다. 르코르뷔지에는 사제 양성 기관으로 설립된 라투레트수도원의 기능에 맞게 예배당과 회의실, 도서관과 강의실, 그리고 100개에 달하는 수도실과 식당을 기능적으로 구분해 배치하고 이를 유기적으로 연결했다. 수도원은 영적 생활을 위한 장소이지만 동시에 사람이 먹고, 자고, 생활하는 곳이다. 라투레트수도원에는 100개에 이르는 수도사의 방이 만들어졌다. 르코르뷔지에는 멋진 영국 경찰관의 신체를 기준 삼아 수도실을 1.83×5.92미터 크기에 2.26미터의 높이로 구성했다.

수도사의 방은 도미니크회 규칙에 따라 세 그룹으로 나뉘었다. 가장 많은 학생 방은 남쪽과 동쪽에, 교수 신부는 서쪽에, 행정과 시설 관리를 맡은 수사들은 남쪽에 자리를 잡았다. 수도실은 공용 공간과 분리되어 건물 4층과 5층에 배치되었다. 이 사저 공간은 곳곳의 계단을 통해 교실, 도서관, 회의실 등과 직접 연결되었다. 공용 공간 역시 중앙 복도를 통해 유기적으로 연결되었다.

출입구는 산비탈 위 작은 길 위에 두었다. 르코르뷔지에는 이를 다리로 수도원과 연결했다. 필로티로 공중에 들린 수도원은 이로써 속세와 약간의 거리를 두게 되었다. 그는 작은 다리 앞에 가로세로 2×6미터 크기의 문을 세워 수도원 진입을 알렸다. 이는 모뒬로르를 따른 것이다. 수도원의 모든 공간은 철저하게 계획된 프로그램과 수학적 비례에 의해 통제되었다. 하지만 건물은 대단히 감각적이었다. 르코르뷔지에는 식당에 산비탈의 전원 풍경을 파노라마처럼 펼쳐놓았고, 어두운 예배당은 아름다운 빛으로 물들였다. 그는 건축가로서 최고의 경지에 올라 있었다. 라투레트수도원은 롱샹성당과 다르게 기하학 형태로 지어졌지만, 공간 표현은 그 못지않게 풍부했다. 수도원은 신만이 아니라 인간이 거주하는 공간이었고, 진실의 건축은 효율적이고 합리적인 프로그램에 기반해 구현되었다.

르코르뷔지에는 수도원 공간을 연출하면서 모더니스트로서의 면모를 감추지 않았다. 수도원은 기능적이면서 아름다웠고, 효율적이면서 영적이었다. 그를 통해 근대건축은 예술적 진전을 이루어냈다. 그는 수도원 북쪽에 자리 잡은 예배당을 '음향의 껍데기'라고 불렀다. 높이 솟은 직육면체 공간에서는 장엄한 미사곡이 울렸고, 어둠 속으로 빛이 스며들어왔다. 그는 옛 바실리카양식을 현대적으로 변형했다. 고측창은 회중석 뒤에 낮게 배치했고, 셋으로 나누어 각기 다른 색의 빛을 내게 했다. 이는 성삼위일체를 의미하는 것이었지만, 르코르뷔지에 개인에게 삼위는 바다, 대지, 하늘이 차지했다. 수평창은 예배당 출입구 맞은편에 하나 더 뚫렸다. 이는 의도적인 것이었다. 수사들은 수도원에서 경사진 복도를 따라 내려와 회전문을 통해 예배당에 진입하게 된다. 르코르뷔지에는 90도 회전한 문과 맞은편 벽의 수평창이 십자가 형태를 이루도록 연출했다. 수사들은 멀리서 녹슨 문과 붉은빛이 만들어내는 십자가를 보며 미사 공간에 진입하게 되고, 어둠 속에서 자신을 감싸는 신적인 빛과 마주하게 된다.

수도원에서 색 사용을 자제한 르코르뷔지에는 예배당에서 강렬한 빛의 활용을 보여준다. 그는 벽에 칠한 페인트로 빛에 색을 입혔다. 과감한 색 사용은 미사 공간에 숭고함을 더해주었고, 빛 대포

라투레트수도원 인근 마을 풍경

르코르뷔지에는 산비탈에 라투레트수도원을 지으면서 멀리 보이는 지평선에 맞추어 건물을
디자인했다. 그는 수도원이 산비탈을 따라 흘러내리지 않도록 필로티를 활용했고, 이를 통해
속세와 거리를 두었다.

에서 쏟아지는 찬란한 햇살은 아름다움을 넘어 경외감마저 자아냈다. 예배당 바로 옆에는 지하 예배실이 독특한 구조로 연결되어 있는데, 르코르뷔지에는 이곳에 세 개의 커다란 빛 대포를 설치했다. 제2차 바티칸공의회(1962~1965)에서 전례 개혁이 이루어지기 전까지 모든 수사들은 개인 미사를 드려야 했는데, 지하 예배실은 이를 위한 공간이었다. 르코르뷔지에는 이곳에 일곱 개의 제단을 만들어 놓았다. 숫자 7은 도미니크회 수사들의 교육 기간이자, 르코르뷔지에의 예술 세계가 담긴 판화집 『직각의 시』 성화상의 층수였으며, 서양의 음계이기도 했다.

르코르뷔지에는 지하 예배실 평면을 귀 모양으로 디자인했다. 이 형태는 그의 회화와 조각 작품에서 종종 발견되는데, 롱샹성당의 평면 역시 같은 모양을 하고 있다. 그는 직육면체 형태의 음향의 껍데기에서 귀 모양 예배실에 이르는 길을 우리 청각기관처럼 어둡고 비좁게 설계해놓았다. 이 때문에 지하 예배실을 향하는 수사들은 지하로 연결된 통로의 깊은 어두움을 먼저 경험하게 된다. 그러나 제의 공간에 다다르는 순간 그들은 강렬하고 무게감 있는 신의 빛과 마주하게 된다. 빛 대포에서 쏟아지는 찬란한 빛은 무채색 콘크리트 벽과 대조를 이루면서 신령한 분위기를 자아낸다. 롱샹성당 정문에서 천사와 성모의 상징으로 사용된 빨강과 파랑은, 이곳 수도원에서 한층 어두운 깊이감을 만들어낸다. 그것들은 자신을 드러내기보다 빛을 물들이기 위해 사용되고, 성모마리아를 비추던 신령한 빛은 제단 앞 신부들을 부드럽게 감싼다.

지하 예배실로 쏟아지는 빛은 마치 외계의 것처럼 느껴진다. 흰

색과 빨간색과 어두운 청색의 빛은 자연의 광원과도, 인공 조명과도 다르다. 그것은 공간을 거룩하게 만들고, 신의 존재를 확인시킨다. 신의 빛 아래 놓인 일곱 개의 제단은 산비탈 경사를 따라 위로 올라가도록 배치되었다. 지하 예배실은 수도원 가장 깊은 곳에 감추어진 것처럼 느껴지지만 사실 이곳은 땅속이 아닌 산비탈 위다. 필로티 위에 올라앉은 수도원과 다르게 예배실은 대지에 놓여 그것의 경사를 그대로 반영하고 있다. 자연의 경사는 신을 향한 발걸음을 인도하고, 천상의 빛은 신의 임재를 경험하게 한다. 제단 앞에 선 수사들은 오직 하늘의 신령한 빛에 이끌리게 된다.

르코르뷔지에는 라투레트수도원을 위해 스테인드글라스나 상징적인 조형물을 따로 제작하지 않았다. 그는 간결한 형태와 수학적 비례, 찬란한 빛과 변화하는 그림자만으로 에뵈쉬르아브렐 마을 산비탈에 영적인 세계를 구축해놓았다. 이미 그는 자신이 쌓은 구조물에서 최고의 가능성을 끌어내는 위대한 예술가가 되어 있었다. 젊은 시절 엔지니어의 미학을 숭배하던 그는 건축을 진정한 예술로 승화했다. 라투레트수도원은 건축가의 기억 속 에마수도원처럼 수사 개인의 삶을 보호하고, 여럿이 함께하는 공동생활을 가능하게 했으며, 무엇보다 눈에 보이는 세상 너머 영적 세계를 드러내는 장소가 되었다. 모뒬로르에 기초한 콘크리트 건축물은 빛 아래에서 '형언할 수 없는 공간'으로 거듭났다. 라투레트수도원은 사람과 사람, 인간과 자연, 신과 세상을 연결하면서 오늘날까지 위대한 건축으로 칭송받고 있다. 순수하고 진실한 건축을 추구한 예술가의 인생은 시골 마을 산비탈에서 제대로 된 결실을 맺었다.

열린 손

'열린 손'은 르코르뷔지에를 대표하는 상징이다. 손 모양 같기도 하고 새처럼 보이기도 하는 이 상징은 오랜 기간 변형을 겪었다. 르코르뷔지에는 일반적인 손 모양을 조개껍데 기와 부채 모양으로 변형했고, 나중에는 날개 형태로 표현했다. 날개 모티브는 스테판 말라르메의 시 「말라르메 부인의 다른 부채」에 나오는 "그대 손에 나의 날개를 간직해주 오"라는 구절에서 가져온 것이다. 르코르뷔지에는 날개 달린 여인을 품은 손을 여러 차 례 스케치했고, 이후 새 모양으로 변형한 손을 자신의 상징으로 사용했다. 이 상징은 그 의 이름과도 잘 연결된다. '르코르뷔지에Le Corbusier'는 까마귀를 의미하는 'le corbeau' 와 비슷하다.

르코르뷔지에는 열린 손에 특별한 의미를 부여했다. 손은 무엇인가를 주고받는 기관이 다. 그는 열린 손을 통해 자신이 호혜적 관계에 대해 열려 있고, 그것을 행하고 있음을 표 현했다. 또한 고루한 건축 대신 근대 문물의 이기를 세상에 전하고자 했고, 자신의 예술 을 이해받고 싶어 했다. 그의 혁신적인 건축은 종종 분란을 일으켰지만 그는 늘 창조적인 예술가와 대중의 호혜적 관계를 꿈꾸었고, 이를 위해 "그리스도처럼 희생할" 준비가 되 어 있었다.

르코르뷔지에는 1950년대부터 자신이 계획한 인도의 행정 도시인 찬디가르에 열린 손 조형물을 세우고자 동분서주했다. 열린 손을 개인적 상징이 아니라 사회적 메시지를 지닌 기념비로 만들고자 한 것이다. 그는 열린 손 조형물이 '평화와 화해'의 상징이 될 것 이라 믿었다. 인도의 네루 수상도 그의 계획에 동조했다. 수상 역시 무엇인가를 주고받는 호혜적 정치 활동이 전후 세계 질서와 평화 정착에 도움이 될 것임을 잘 알고 있었다.

르코르뷔지에는 기술적 진보를 통해 "새로이 부를 창출"하고, 이를 "다른 이에게 분배" 하는 조화로운 기계 시대를 꿈꾸었다. 그는 늘 "지평선 위에 우뚝 솟은 히말라야 앞에 서 있는 열린 손 조형물"을 보기 원했다. 이 조형물은 우여곡절 끝에 1985년 건립되었지만, 안타깝게도 그는 이를 보지 못하고 세상을 떠났다.

해변의 건축가

지중해의 영혼, 이본

1950년 여름, 모나코 인근 로크브륀느카프마르탱에 아주 작은 통나무집이 지어졌다. 롱샹성당이 지어지고, 보고타 도시계획안이 한창 바쁘게 진행되던 시기였다. 통나무집은 성당처럼 고귀하지도, 위니테 다비타시옹이나 인도의 찬디가르 도시계획안처럼 거대하지도 않았다. 르코르뷔지에 같은 유명 건축가가 지었다고 하기에 집은 너무 보잘것없었다. 그럼에도 그는 온 정성을 기울였다. 이 오두막은 그의 아내 이본을 위한 것이었다.

르코르뷔지에는 30대 중반이던 1922년에 아내를 처음 만났다. 둘의 만남에 대해서는 뒷이야기가 무성했다. 이본의 성정이 거칠고 자유분방했기 때문이다. 위대한 예술가의 아내가 어떠해야 하는지 정해진 것은 없으나 그의 지인들은 이본을 특이하게 생각했다. 그녀는 신경질적인 데다가 걸핏하면 화를 냈는데, 주위에 누가 있든 크게 개의치 않았다.

두 사람은 고급 의상실 조브에서 처음 만난 것으로 알려져 있다. 조브는 당시 유행을 선도하던 곳이었다. 오장팡의 기획으로 피카소, 마티스 같은 이들의 작품이 전시되었는데, 르코르뷔지에도 1919년 이곳에서 회화 작품을 선보였다. 이본은 조브의 모델이자 점원이었다. 르코르뷔지에는 갓 스무 살 된 모나코 출신 여인에게 마음을 빼앗겼다. 이본은 거침없고 자유분방했다. 파리에서 보헤미안의 삶을 추구하던 예술가는 '지중해의 영혼'을 지닌 여인에게 점차 빠져들었다. 두 연인은 자코브가에서 함께 지내기 시작했다.

르코르뷔지에는 1930년 9월 10일에 이본과 같은 프랑스 국적을 취득했다. 석연치 않은 이유로 국제연맹 청사 설계 경기에 떨어진 뒤 법적 대응을 모색하던 시기였다. 그는 여러 변호사를 고용하는 것보다 프랑스 국적을 갖는 것이 활동에 더 유리할 것이라 판단했다. 스웨덴 사람과 결혼한 형이 국적 문제로 불편을 겪는 것을 보며 내린 결정이기도 했다. 국적을 바꾸는 것은 쉽지 않았다. 어머니와 고모를 설득해야 했고, 스위스에서는 배신자로 낙인찍혔다. 석 달 뒤 그는 이본과 정식 부부가 되었다. 시간이 걸렸지만 어머니와 친척들은 이본을 가족의 일원으로 받아들였다. 스위스 정부 역시 너그러움을 보여주었다. 그들은 파리의 국제학생기숙사촌에 들어설 스위스관 설계를 그에게 맡겼다.

1934년, 르코르뷔지에 부부는 비좁은 자코브가를 떠나 세련된 펜트하우스로 이사했다. 건물 최상층은 보통 하인들이 거주하던 초라한 공간이었으나, 근대건축은 이를 누구나 선호하는 공간으로 바꾸어놓았다. 르코르뷔지에의 펜트하우스에는 주거 공간과 아틀리에가 모두 마련되어 있었다. 출퇴근 시간이 훨씬 길어졌지만 그는 그림 그릴 공간을 확보한 것에 만족했다. 매일 아침 체조를 했던 그는 옥상과 발코니도 좋아했다. 무엇보다 자신의 집을 직접 디자인했다는 사실에 큰 행복을 느꼈다. 이본의 표현대로 그는 이제 유명 건축가 "르코르뷔지에의 건물"에 사는 호사를 누리게 되었다. 그는 대서양을 횡단한 조종사들의 이름이 붙은 낭주세에콜리가 24번지에서 아내와의 안락한 생활을 꿈꾸었다.

안타깝게도 이본은 새집을 좋아하지 않았다. 그녀는 이사 자체를 달가워하지 않았다. 사람들은 자코브가의 지저분한 아파트에 사는 유명 건축가 부부를 두고 수군거렸지만 이본은 개의치 않았다. 그녀는 생제르망데프레를 떠나고 싶어 하지 않았다. 이사는 친절한 이웃과 단골 식당, 가게, 카페 모두와 멀어진다는 것을 의미했다. 하지만 그들은 더 이상 가난과 예술을 낭만으로 삼는 보헤미안이 아니었다. 사회적 지위와 명성을 얻은 건축가는 자코브가의 삶을 버리고 부르주아 생활에 적응하고자 했다. 그는 다른 사람들 같은 편안하고 안락한 가정을 꿈꾸었고, 자신이 부르주아 세계의 문턱을 넘어섰음을 자각했다.

하지만 이본은 이를 받아들이지 못했다. 자유로운 삶을 갈망하던 지중해 여인은 도시 생활을 힘들어했다. 특히나 펜트하우스의 삶은 편치 않았다. 르코르뷔지에는 아내가 답답함을 느끼지 않도록 아파트를 개방적으로 디자인했다. 채광에 신경을 써 집 안은 항상 밝았다. 요리를 좋아하는 아내를 위해 주방은 현대적으로 꾸몄다. 이본의 신체 움직임에 맞추어 싱크대와 수납장이 제작되었고, 창과 유

리 블록 덕분에 신선한 공기와 밝은 분위기가 유지되었다. 하지만 이본은 "이 빛들이 나를 미치게 만든다"라고 불평했다. 그녀는 집이 '해부학 실험실' 같다고 투덜댔다. 이본은 건축을 알지 못했고, 당연히 건축가의 세심한 배려도 알아차리지 못했다. 르코르뷔지에는 아내를 위해 침대 옆에 비데를 설치했다. 이본은 이것을 차 보온용 용기로 사용했다. 그녀는 건축가가 오랜 고민 끝에 선택한 비데의 디자인 따위에 전혀 관심이 없었다. 아파트의 모든 것이 그녀를 위해 만들어졌지만, 이본은 이를 누릴 마음의 여유가 없었다. 특히 그녀는 침대를 못 견뎌했다. 르코르뷔지에는 누워서도 바깥 풍경을 볼 수 있도록 침대를 1미터 높이에 설치했다. 인체에 맞는 건축과 가구를 표방한 모뒬로르를 스스로 위반한 행위였다. 그는 매일 밤 힘겹게 침대에 오르는 아내의 거친 욕설을 들어야 했다.

르코르뷔지에는 이본을 최고의 배필이라 생각했다. 그녀는 '순수한 영혼'을 가지고 있었다. 그녀는 안락함에 젖어들지도, 르코르뷔지에의 사회생활에 끼어들지도 않았다. 이본은 자신이 원하는 것을 알았고, 자기만의 스타일을 지켰다. 르코르뷔지에는 그녀에게 교양을 요구하는 것은 시간 낭비라 생각했다. 이본은 그가 사업차 만나

르코르뷔지에의 펜트하우스가 있는 낭주세에콜리가 24번지

1934년, 르코르뷔지에 부부는 자코브가를 떠나 낭주세에콜리가 24번지에 있는 펜트하우스로 이사했다. 사회적 지위와 명성을 얻으면서 르코르뷔지에는 어느 부르주아들처럼 편안하고 안락한 생활을 꿈꾸었다. 하지만 자유로운 영혼 이본은 펜트하우스 생활에 적응하지 못했다. 결국 르코르뷔지에는 아내의 고향 근처 해변에 작은 통나무집을 짓기 시작했다.

는 이들과 부류가 달랐다. 건축가는 그런 그녀에게서 자유와 해방감을 느꼈다. 동시에 자유분방한 그녀가 "서랍 속에 갇혀" 부당한 대접을 받고 있음을 안타까워했다.

이본은 실제 그랬다. 르코르뷔지에는 다른 건축가들처럼 자주 그리고 오래 집을 비웠고, 이본은 늘 그 자리를 지켰다. 그녀는 지중해의 영혼을 지녔지만, 도심에 갇혀 외로워했다. 주치의 자크 힌더마이어의 말처럼 "빛을 쫓는 이가 어둠에 갇혀 있는 것"은 좋을 것이 전혀 없었다. 이본은 정서적으로 불안정했고, 이는 건강 문제로 이어졌다. 그녀는 알코올 중독이었다. 몸을 제대로 가누지 못해 연일 크고 작은 부상을 입었다. 르코르뷔지에는 그들 사이에 아이가 있었다면 상황이 달라졌을 것이라고 후회했다. 처음에 그는 아이로 인해 자신의 경력이 망가질까 우려했다. 이후 시간이 흐르면서 아이를 가지는 것이 불가능한 상황이 되었다. 그는 너무 바빴고, 이본은 술을 너무 많이 마셨다. 그녀는 잠자리마저 거부했다. 류머티스 관절염이 찾아왔고, 거동이 불편해졌다. 부부의 펜트하우스는 아파트 7층에 있었는데, 불행히도 엘리베이터는 6층까지만 작동했다. 넓은 옥상으로 이어지는 집 안의 나선계단도 무용지물이 되었다. 르코르뷔지에는 아내의 고향 근처 해변에 작은 통나무집을 짓기 시작했다.

바닷가의 집, E-1027

로크브륀느카프마르탱은 잘 알려진 동네가 아니다. 르코르뷔지에에는 건축가이자 비평가인 장 바도비치 덕분에 이 마을과 첫 인연을 맺었다. 바도비치는 1938년 여름에 르코르뷔지에 부부를 별장으로 초대했다. 모나코가 지척에 있는 한적한 해안가에 자리 잡고 있는 바도비치의 별장은 작지만 훌륭했다. 거기에는 르코르뷔지에가 늘 부르짖던 근대건축의 필수 요소가 모두 구현되어 있었다. 놀랍게도 이 집은 디자이너 아일린 그레이의 첫 건축 작품이었다. 그녀는 바도비치의 연인이었다. 바도비치는 그레이의 재능을 간파하고 건축을 부추겼다. 둘은 함께 부지를 물색하고, 사랑을 담아 집을 꾸몄다.

그레이는 르코르뷔지에를 매우 잘 알고 있었다. 그녀는 1922년 살롱도톤에서 그의 작품을 처음 접했다. 당시 르코르뷔지에는 300만 명이 살 수 있는 도시와 대량생산이 가능한 시트로앙 주택을 전시했다. 그레이는 대규모 주택 공급 방안이나 도시환경 개선 같은 문제보다 르코르뷔지에가 선보인 현대적인 디자인에 매료되었다. 그는 규격화된 산업 재료로 현대적인 주택을 지으면서 새로운 조형언어를 선보이고 있었다. 그레이는 빌라 사보아를 직접 찾아갔다. 집에 비가 새기 전의 일이다. 1922년에 지은 오장팡 스튜디오도 방문했다. 이 역시 르코르뷔지에와 오장팡의 관계가 소원해지기 전의 일이었다. 심지어 그녀는 미스 반데어로에가 기획한 슈투트가르트의 바이센호프 주택단지까지 찾아갔다. 르코르뷔지에는 시트로앙 주택을 변형한 근대 주택 두 채를 그곳에서 선보였다.

그레이는 놀라운 학습 능력과 예술적 감각을 가지고 있었다. 그녀는 근대건축의 이념을 제대로 흡수했고, 어쩌면 르코르뷔지에보다 더 아름답게 그것을 구현했다. 1929년, 완공한 직육면체의 간결한 백색 건축은 해안가 바위틈에서 아름답게 빛났다. 바도비치의 도움으로 거실은 필로티 위에 놓였고, 나선계단이 지붕과 연결되었다. 수평창은 바다 풍경을 그대로 끌어들였다. 세련된 실내 장식과 내부 구조는 그녀의 감각을 더욱 돋보이게 했다.

그레이는 최소한의 공간에서 최대한의 편안함을 추구했다. 그녀는 집은 살기 위한 기계라는 르코르뷔지에의 말 많던 이론을 성공적으로 계승 또는 폐기했다. 그녀의 흰 집은 엔지니어의 미학이 결국 사람의 필요를 충족하기 위한 것이라는 사실을 제대로 보여주고 있었다. 그녀에게 '집은 인간을 감싸는 껍데기'였다. 수학적 비례보다 전체적인 조화를, 이론보다는 안락한 삶을 더 중시했던 그녀는 자신보다 아홉 살 어린 르코르뷔지에에 대한 존중을 잃지 않으면서, 그의 조형 언어와 이념을 성공적으로 구현했다. 바도비치는 그레이의 첫 건축물을 자신의 잡지 《생동하는 건축》에 '바닷가의 집'이라는 제목으로 소개했다.

그레이는 별장에 'E-1027'이라는 이름을 붙였다. 이는 두 연인의 이니셜에서 가져온 것이다. E는 그레이의 이름 첫 자였고, 10, 2, 7이라는 숫자는 알파벳 순서로 그들의 이니셜인 J, B, G를 의미했다. 하지만 사랑은 아름다운 별장만큼 오래가지 못했다. 그레이는 열다섯 살 어린 건축 비평가 대신 동성의 연인을 택했고, 르코르뷔지에가 별장을 찾기 전 이미 집을 떠났다. 별장에 큰 감명을 받은 르코르뷔지에는 아쉬움을 감추지 못했다. 그는 그레이에게 편지를 보내 "집 내부와 외부, 그리고 근대적인 가구와 설비에" 서린 "진귀한 정신"을 칭송했다. 이는 디자이너에게 큰 기쁨을 주었다. 그의 편지는 그레이가 평생 보관한 몇 안 되는 서신 중 하나가 되었다.

르코르뷔지에의 작은 궁전

르코르뷔지에는 1948년 E-1027을 다시 찾았다. 로크브륀느카 프마르탱의 해안가는 아토스산의 풍경을 떠올리게 했다. 그는 산에서 태어났지만 바다를 사랑했고, 눈과 안개보다는 따뜻한 햇살을 좋아했다. 로크브륀느카프마르탱에서 그는 하루 두 번 수영을 하고, 전쟁으로 훼손된 벽화를 손보며 시간을 보냈다. 그는 허락 없이 E-1027에 그림을 그려 그레이의 큰 분노를 샀다.

벽화를 복원하는 동안에도 르코르뷔지에의 휴양지는 사업차 들르는 손님과 사무소 직원, 예술가 친구 들로 늘 북적였다. 그는 별장 바로 뒤편에 자리 잡은 '불가사리'라는 이름의 식당에서 손님을 치렀다. 식사 자리가 반복되면서 르코르뷔지에 부부는 식당 주인 토마스 레부타토와도 교분을 쌓으며 곧 스스럼없는 사이가 되었다. 부부는 식당을 자기 집처럼 드나들었다. 르코르뷔지에가 식당 바로 옆에 오두막을 지은 것은 자연스러운 수순이었다.

르코르뷔지에 부부의 오두막을 보면 마치 레부타토와 한 가족을 이루려 한 것처럼 보인다. 통나무집은 식당과 벽을 맞대고 있다. 물론 출입문도 냈다. 부부는 매끼를 식당에서 해결했으므로 부엌이 필요 없었다. 그들은 샤워도 레부타토의 집에서 했다. 바쁜 건축가는 식당 팩스로 업무 연락을 주고받았다. '불가사리' 가족은 부부의 신실한 친구이자 울타리가 되어주었다. 파리 생활을 힘겨워하던 이본은 로케브륀느카프마르탱에서 빠르게 안정을 되찾았다. 거기서 그녀는 환대받았고, 가족을 되찾았다. 따뜻한 햇살과 바위에 부서지는 파도 소리, 창문 너머 펼쳐지는 아름다운 지중해 풍경 사이에 외로움과 불안이 자리 잡을 틈은 없었다. 이본은 바다 건너 지척에 보이는 고향 마을을 바라보며 행복한 노년을 보냈고, 이후 마을 공동묘지에 묻혔다. 르코르뷔지에는 이본이 세상을 떠나기 전까지 아내 곁을 지켰다.

밖에서 보면 르코르뷔지에의 오두막은 그저 허름해 보인다. 통나무를 대충 쌓은 헛간처럼 보이는 이 집은 위대한 건축가가 아내를 위해 지었다고 하기에는 너무 볼품없다. 그는 이런 집을 자신의 '걸작'이라고 자평하면서 '성'이나 '궁전' 등으로 불렀는데, 이는 단순히 역설적인 표현만은 아니었다. 그는 이 작은 집을 대단히 만족스러워했다. 집은 편안했고, 좋은 이웃이 곁에 있었으며, 돈으로 살 수 없는 아름다운 자연 풍경이 바로 앞에 펼쳐졌다. 그의 건축 사업에도 기여가 있었다. 오두막은 미리 재단된 자재들을 조립해 제작했고, 이는 주문 제작 주택의 가능성을 보여주는 것이기도 했다.

통나무집은 겉과 속이 달랐다. 거칠고 허름한 외장과 다르게 내부는 제대로 마감된 목재로 꾸며졌다. 불규칙하지만 철저한 계획 아래 뚫린 창은 시원한 바람과 아름다운 풍경을 선사해주었고, 또한 벽화와 커튼, 바닥과 천장의 컬러는 조화를 이루었다. 부부는 혼자 지내기도 쉽지 않은 좁은 공간에서 불편함 없이 지냈다. 부엌과

욕실이 없었기에 가능한 일이었지만 코트다쥐르의 무더운 여름을 생각해보면 쉽지 않은 일이다. 노년의 부부가 그만큼 서로 사랑했거나, 아니면 건축이 그들의 안락한 삶을 지켜주었을 것이다.

작은 오두막은 침대와 작업대, 각종 수납공간, 작은 세면대와 변기를 갖추고 있었다. 르코르뷔지에는 수십 년간 인체의 치수와 움직임을 연구했고, '해안가 작은 궁전'을 이에 맞추어 지었다. 모뒬로르에 따라 계획된 궁전 내부는 공간의 협소함을 종종 잊게 만든다. 공간은 남지도 모자라지도 않고, 가구 역시 넘치지도 부족하지도 않다. 이본은 변기와 세면대 사이에 설치된 작은 침대를 좋아했다. 그녀는 펜트하우스보다 "화장실에서 자는 것"을 더 좋아했다. 침대는 적정 높이로 설치되어 르코르뷔지에 역시 밤마다 욕을 먹지 않아도 되었다. 수평창도 없고 침대도 낮아졌지만 지중해 풍경은 쉽게 창을 타고 들어왔다. 집 안 어디에 앉아도 바깥 풍경이 눈에 들어왔고, 창을 닫으면 뒤에 붙은 거울이 공간을 넓혀주었다. 나무로 둘러싸여 한여름에도 시원한 바람이 불었고, 빛과 그림자가 교차해 지나갔다. 파도 소리는 밤낮으로 밀려들어왔다. 4평 오두막은 지중해와 그렇게 연결되었다.

르코르뷔지에의 궁전은 철저한 계획의 산물이었고, 무엇보다 개인의 삶과 밀착되어 있었다. 지중해를 중심으로 국제적인 건축양식과 현대적인 도시를 확산시키고자 했던 건축가는 아내를 위해 해안가에 쌓은 작은 성에서 자족했다. 이본 역시 파리 도심의 펜트하우스가 아니라 시골 오두막에서 행복을 되찾았다. 이는 대규모 개발과 거대 건축에 목숨 거는 이들이 되짚어보아야 할 지점이다.

지중해에 안기다

지중해는 부부의 고향이나 마찬가지였다. 이본은 모나코 인근에서 태어났고, 르코르뷔지에는 동방 여행 이후 지중해에 완전히 매료되었다. 바다는 매일 비슷한 모습의 알프스와 달랐다. 거기서는 끊임없이 너울이 일었고, 그 뒤로 끝없는 세상이 펼쳐졌다. 르코르뷔지에는 스위스 산간 지방에서 태어났지만 스스로 지중해인의 정체성을 가지게 되었다.

그는 1926년 여름에 처음으로 바다 수영을 배웠다. 사촌 잔느레와 피케를 찾은 그는 열흘 동안 수영으로 시간을 보냈다. 정치가와 투자자 들의 비협조로 폐쇄 주거 단지에 수도를 공급하는 데 실패한 직후였다. 바닷속에서는 직전 해에 부친을 잃은 슬픔도, 정치가와 사업가 들에 대한 분노도 모두 잊을 수 있었다. 그는 드넓은 대양과 부드러운 모래 위에서 한없는 평화를 느꼈다. 그리고 부르주아가 득시글대는 파리를 혐오하게 되었다. 이후 그는 틈날 때마다 해변을 찾았다. 하루 두 번 수영을 하고, 해안가를 돌며 특이한 자연 사물을 주웠다. 피케뿐만 아니라 코트다쥐르, 롱아일랜드, 그리고 어머니 집이 있는 레만호에서도 그는 늘 수영을 즐겼다.

1950년, 로크브륀느카프마르탱의 해안가에 별장을 마련한 르코르뷔지에는 매일 같은 바위에서 바다로 뛰어들었다. 지중해는 그의 안식처가 되어주었다. 물속마저 밝게 비추는 찬란한 햇살은 한없이 아름다웠고, 바닷속 고요한 세상은 복잡한 삶에서 그를 격려했다. 1957년, 아내가 죽은 뒤에는 더욱 수영에 집착했다. 바다는 아내를 대신해 그를 품어주었다. 이본이 세상을 떠난 뒤 르코르뷔지에는 눈에 띄게 의기소침해졌다. 장난기 넘치던 모습은 온데간데없고 어두운 분위기의 노인만 남았다. 그는 일을 줄였다. 파리 외곽에 미술관을 지어달라는 앙드레 말로의 요청도, 이본만큼이나 긴 관계를 유지해온 샤더 해리스가 주선한 미국의 대형 건설 사업도 거절했다. 그는 더 이상 전 세계 모든 도시의 일에 관여하던 정력가가 아니었다. 그리고 이본 없는 오두막보다 바닷속 세상을 더 좋아했다. 그녀가 떠난 뒤 로크브륀느카프마르탱의 작은 궁전은 수도사의 방처럼 변해버렸다. 고요하고 평화로운 수도사의 방은 그가 추구한 건축의 이상향이었지만 아내 없이는 이마저도 공허했다.

파리의 주치의는 일흔일곱 살 노인의 바다 수영을 만류했다. 르코르뷔지에에게는 수영이 아니라 입원 치료가 필요했다. 그는 부정맥을 앓고 있었다. 하지만 노인은 '휠체어 위의 삶'을 거부했다. 예전처럼 많은 일을 할 수는 없지만 아무것도 못하는 것보다는 나았다. 그는 지나치리만큼 신체 활동에 집착했다. 일흔일곱 살 노인은 주치의의 경고에 아랑곳하지 않고 바다로 뛰어들었다.

르코르뷔지에는 태생적으로 활동적이었고, 스포츠를 좋아했다. 그는 젊은 시절 스키에 빠져 지냈고, 지중해 사람이 된 이후에는 늘 수영을 했다. 바다 수영은 특별했다. 파도를 거슬러 찬란한 햇살을 향해 나아가는 여정은 그의 인생과 비슷했다. 그는 뒤늦은 건축의 근대화를 앞장서서 이끌었고, 덕분에 풍차를 향해 돌진하는 돈키호테 같은 삶을 살았다. 젊은 시절 아카데미즘과 싸웠고, 절충주의를 거부한 채 급진적인 엔지니어의 미학을 고수했다. 나이가 들어서는 정치가와 사업가 들 틈바구니에서 현대적인 주택을 공급하기 위해 투쟁했다. 그는 세파에 익숙했다. 바다에서도 마찬가지였다. 거센 파도를 두려워하지 않았다. 모터보트에 치여 목숨을 잃을 뻔한 사고도 겪었지만 두려움 없이 물속으로 뛰어들었다.

1965년 8월 27일 오전 8시, 로크브륀느카프마르탱의 해안가를 찾은 관광객들은 파도에 떠밀리고 있는 노인을 발견했다. 그들은 노인에게 도움이 필요한지 수차례 물었고 번번이 거절당했다. 노인은 한 시간 넘게 수영을 했다. 그는 바다 수영에 자신 있었고, 파도와의 투쟁은 그의 일상이었다. 불과 두어 시간 뒤 관광객들은 물 위에 엎드린 채 파도에 떠밀려온 노인을 발견했다. 그는 병원으로 옮겨졌지만 다시는 의식을 회복하지 못했다. 사인은 심장마비였다.

르코르뷔지에가 세상을 떠났다는 소식이 삽시간에 전 세계에 퍼졌다. 그는 위대한 예술가였을 뿐만 아니라 국제적인 명사였다. 사람들은 일흔일곱 살 노인이 익사했다는 사실을 의아하게 여겼다. 그와 친분이 있던 이들은 그가 왜 하필 이른 아침 차가운 바닷물에 몸을 던졌는지 의심스러워했다. 평소 그는 죽음을 자연스러운 탈출구로 여겼다. 그에게 죽음은 자연이 순환하는 과정의 일부였다. 어

르코르뷔지에가 사랑한 지중해

1965년 8월 27일, 르코르뷔지에는 바다 수영을 하다가 심장마비로 생을 마감했다. 20대 때 떠난 여행에서 지중해의 풍경과 건축에 매료된 이후 그에게 이곳은 고향과도 같은 곳이 되었다. "태양을 향해 헤엄치다 죽는 것은 멋진 일"이라고 종종 말했던 그는 죽음으로써 찬란한 햇살이 비치는 지중해와 하나가 되었다.

쩌면 그는 자신의 죽음도 비극으로 여기지 않았을 것이다. 그는 "태양을 향해 헤엄치다 죽는 것은 멋진 일"이라고 입버릇처럼 말했다.

르코르뷔지에는 찬란한 햇살이 비치는 푸른 바다에서 그토록 사랑하던 지중해와 하나가 되었다. 이는 그가 꿈꾸던 죽음의 한 방식이었다. 지중해는 이본 대신 그를 품어주었고, 그는 그 속에서 자연으로 돌아갔다. 레부타토 가족과 동료들, 그리고 세계의 수많은 사람들이 그의 죽음을 애도했다. 문화부장관 앙드레 말로는 성대한 장례식을 준비했다. 르코르뷔지에는 루브르궁에서 장례식을 치른 첫 번째 예술가가 되었다. 1965년 9월 1일, 세계 각국의 조문객과 파리 시민 들이 루브르궁에 운집했다. 장례식은 텔레비전과 라디오로 생중계되었다. 위대한 예술가의 업적에 걸맞은 대우였다.

그러나 부르주아의 삶을 혐오한 르코르뷔지에는 자신만의 소박한 장례 의식을 이미 치렀다. 그의 시신은 파리로 운구되기 전날 밤, 라투레트수도원으로 보내졌다. 이러한 요청이 담긴 그의 메모가 로크브륀느카프마르탱의 오두막에서 발견되었기 때문이다. 르코르뷔지에는 자기 손으로 세운 고요한 공간에서 온전히 하루를 보냈다. 무신론자에게 특별한 종교의식은 허락되지 않았다. 수도원에 깊은 어둠이 내렸고, 새벽녘에는 신령한 빛이 찾아들었다. 가톨릭 신자가 아니었기 때문에 오히려 그는 이승에서의 마지막을 고요하고 평화롭게 보낼 수 있었다. 분명 루브르의 화려한 장례 행렬보다 라투레트의 긴 밤을 더 좋아했을 것이다. 그는 스무 살에 에마수도원을 찾은 이후 평생 수도원 공간을 그리워했다. 그의 작품집에는 다음과 같은 문장이 들어 있다.

나는 평생 현대인에게 가장 필요한 것을 위해 일해왔다. 그것은 고요와 평화다.

— 윌리 보뵈시거 외, 『르코르뷔지에 전집 8권』, 186쪽

　르코르뷔지에는 가능한 많은 사람에게 평화로운 삶을 제공하기 위해 노력해왔다. 그는 건축이라는 부르주아의 예술을 만인의 것으로 만들고, 자칫 비인간적인 기계가 될 뻔한 건축에 아름다움을 부여했다. 건축은 지중해에서 보낸 그의 삶과 함께 더욱 빛나게 되었다. 햇살 아래 아름다운 형태와 그것을 즐기는 소박한 삶. 그의 짧지 않은 인생은 그렇게 마무리되었다. 장례식 뒤 르코르뷔지에의 시신은 화장되었다. 그의 형 알베르는 유골을 수습해 작은 상자에 담았다. 평생 아름다운 형태를 사랑한 예술가는 그렇게 마지막 형상으로 남겨졌다.

시가 된 건축

1935년 10월 25일, 뉴욕 모마에서 르코르뷔지에의 전시회가 열렸다. 위대한 예술가의 최근 작품을 소개하는 자리였다. 모마의 큐레이터들은 세계적으로 주목받고 있는 건축가의 작품을 한데 모아 전시할 필요성을 느꼈다. 그의 건축은 끊임없이 진화하면서 세계 건축의 흐름에 영향을 주고 있었다.

전시에는 르코르뷔지에의 대표작이 총망라되었다. 고향에 지은 주택부터 오장팡 스튜디오, 파리 장식미술박람회에서 분란을 일으킨 에스프리 누보관, 현대 주택의 모델이 된 빌라 사보아, 좌초된 프로젝트인 소비에트궁 계획안과 알제 도시계획안에 이르는 작품들은, 40대에 이미 거장의 반열에 오른 건축가의 예술 세계를 조망하고 있었다. 이외에도 각종 기록과 사진, 영상 자료가 소개되었는데, 모마 직원들은 이를 정리하면서 그의 위상을 새삼 다시 확인했다.

그들은 도록에 이렇게 썼다. "만약 르코르뷔지에가 건물을 짓지 않았다고 해도 현대건축에서 가장 중요한 인물로 남았을 것이다."

아마 이보다 그를 더 잘 표현한 문장은 없을 것이다. 르코르뷔지에는 눈에 보이는 건물만이 아니라 혁신적인 사상으로 현대건축에 지대한 영향을 끼쳤다. 그는 살기 위한 기계들을 선보이고, 도시에 질서를 부여하기 위해 노력했다. 건물을 짓지 않을 때는 열정적인 강연과 저술로 세상이 바뀌고 있음을 알렸다. 그는 기계가 만들어내는 새로운 정신을 설파하면서 현대건축에 변화를 가져왔다. 그의 주장은 어느덧 '코르뷔지에주의Corbusierism'라는 이름을 얻고 있었다. 시대가 바뀌어 기계 비유에 반감을 가진 사람보다 기술적 합리성을 추구하는 이들이 더 많아졌고, 기계 미학 역시 자연스럽게 정착되었다.

그런데 정작 르코르뷔지에의 건축이 변화하고 있었다. 직선적이고 기하학적인 그의 건축에 자유로운 형태들이 조금씩 섞여 들어가기 시작한 것이다. 르코르뷔지에는 뛰어난 예술적 재능으로 살기 위한 기계들을 아름답게 빚어냈다. 덕분에 그의 건물에서는 예전에 찾아볼 수 없던 곡선과 부드러운 형상이 관찰되었다. 모마의 큐레이터들은 이에 주목했다. 그는 기술을 '시적으로' 활용하고 있었다.

모마는 이를 '서정성'이라고 규정했다. 르코르뷔지에의 최근작은 기능주의 건축과 다르게 '따뜻한' 느낌을 냈다. 그것은 수학적 비례를 따르면서도 부드러웠고, 기하학 형태에 기반했지만 유연했다. 무엇보다 모마가 주목한 것은 르코르뷔지에 건축의 아름다움이었다. '모더니즘의 신전'이라 불리는 이 미술관은 현대건축의 변화 못

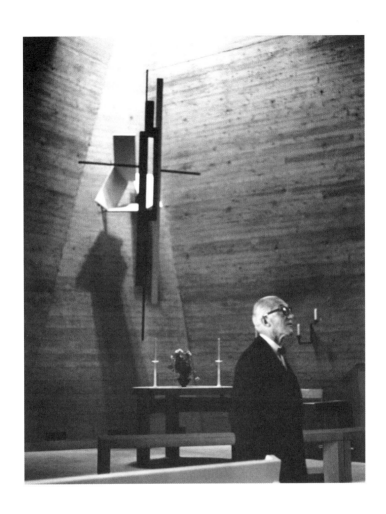

기술적 합리성과 시적 아름다움을 함께 추구한 르코르뷔지에

기계가 만들어내는 '새로운 정신'을 강조하며 건축과 도시를 변화시킨 르코르뷔지에를 이야기하지 않고 현대건축을 논하는 것은 불가능하다. 그는 기계 미학을 따르는 모더니스트였지만, 인간의 행복과 시적인 아름다움 또한 결코 포기하지 않았다. 특히 노년의 작품들은 그의 건축이 기계라기보다는 차라리 한 편의 시였음을 확인시켜준다.

지않게 산업 생산물의 아름다움에 관심을 갖고 있었다. 미술관은 1934년 '기계 미술'전을 개최했는데, 당시 모마 전시장은 르코르뷔지에가 1920년대 발행한 잡지《에스프리 누보》의 도판을 옮겨놓은 듯했다. 진공청소기, 베어링, 비커, 플라스크 같은 산업 생산물이 미술 작품인 양 관람객을 맞았고, 르코르뷔지에의 의자 역시 제 몫을 했다. 근대는 고유의 아름다움을 창조하고 있었다.

르코르뷔지에 건축의 서정성과 아름다움에 주목한 모마 전시는 롱샹성당 같은 후기작을 이해하는 데 도움을 준다. 많은 건축사가들이 갑작스럽게 나타난 롱샹성당의 자유롭고 표현적인 형태를 설명하는 데 어려움을 겪지만, 사실 변화의 조짐은 1930년대에 이미 나타나고 있었다. 모마 전시는 르코르뷔지에의 예술가적 면모를 강조하면서 기계 비유와 근대화에 가린 그의 진정한 건축 이념을 확인할 수 있게 한다. 흔히 하는 오해처럼 르코르뷔지에는 건축을 기계로 만든 건축가가 아니다. 롱샹성당을 짓던 당시 출판한 판화집 제목처럼 그에게 건축은 차라리 한 편의 '시'였다.

코르뷔지에주의는 그의 놀라운 예술성 속에서 새롭게 이해될 필요가 있다. 오늘날 우리는 모더니즘의 폐단을 지적한다. 이는 건축 영역에서 두드러지는데, 비인간적인 도시환경과 천편일률적인 주거 공간의 폐해를 우리가 직접 경험하고 있기 때문이다. 르코르뷔지에를 향한 비판은 보통 여기서 비롯된다. 그는 되도록 많은 이들에게 집을 주기 위해 주택의 규격화를 시도했고, 더불어 사는 삶을 기대하며 집합 주거 보급에 앞장섰다. 그러나 내용 없이 형식만 남은 현대건축과 도시는, 최초의 인간에게서 오직 원죄만을 찾듯이,

근대건축의 대표자에게 인간 소외와 획일화의 책임을 묻는다.

1935년의 모마 전시는 이것이 부당한 처사임을 보여준다. 르코르뷔지에는 맹목적으로 자신의 이상을 추구하기보다 그것에 예술을 덧입혔다. 그의 살기 위한 기계들은 편리하면서 아름다운 산업 생산물처럼 감응의 대상이 된다. 그는 모마가 서정성이라고 투박하게 정의한 자기 건축의 특징을 '시적 반응'이라고 칭했다. 그의 건축은 아름답다. 그것은 마치 자연의 아름다운 사물과 경치를 바라볼 때와 같은 감동을 준다. 그는 건축이 행복을 만들어내야 한다고 믿었다. 그는 기술적 합리성을 추구한 모더니스트였지만 그의 근대는 오직 인간의 행복과 시적 아름다움을 위한 것이었다.

르코르뷔지에의 인생 역시 그랬다. 그는 누구나 부러워할 만한 파리의 펜트하우스를 두고 지중해 연안에서 시간을 보냈다. 그는 현대적인 도시 생활보다 바다 풍경이 들어오는 오두막에서 지내는 소박한 삶을 더 좋아했다. 세련된 동시대 건축보다 자연 사물을 더 좋아했고, 거기서 예술적 영감을 얻었다. 그는 인공 조명이 아닌 찬란한 햇살 아래 다양한 사물들이 만들어내는 형태의 유희를 즐겼다. 이러한 삶의 태도 속에서 그의 건축은 시가 되고, 그가 만들어낸 공간은 행복을 전달했다. 르코르뷔지에의 건축을 찾아 여행할 필요는 여기서 나온다. 만인에게 편리한 주거 공간을 제공하겠다는 100년 전의 이상은 분명 혁명적이었지만, 이제는 특별하지 않다. 오늘날 우리는 과도할 정도로 표준화된 아파트 공간에서 생활하고 있지 않은가? 반면 집 안을 걸으며 다양한 공간 경험을 할 수 있는 빌라 사보아나, 쏟아지는 찬란한 빛 속에서 신의 임재를 경험하는 롱샹성당에서의 체험은, 여느 건물에나 있는 것이 아니다. 근대 문명의 이기를 자유롭게 누리는 오늘날, 위대한 건축가에 대한 관심이 여전히 식지 않는 것은 이 때문이다. 건축이 인간의 행복을 보장하고 감동을 주어야 한다는 그의 신념은 새로운 이념이 되어 우리를 자극한다. 건축의 행복은 오늘날 더 절실하게 요구된다.

건축은 자신을 믿고 선 이에게만 공간을 내어준다. 건축을 다루는 책은 이런 면에서 기본적인 약점을 안고 있다. 제아무리 뛰어난 문장가라 해도 '시적 반응'을 인위적으로 만들어낼 수는 없다. 르코르뷔지에의 인생과 예술을 소개한 이 책 역시 이러한 한계로부터 자유롭지 못하다. 건축가에게 감동을 준 풍경과 건축, 그리고 그가 만들어낸 놀라운 공간들을 어떻게 글로 묘사한단 말인가.

책 작업을 주저하던 나에게 우연히 눈에 띈 클로드조제프 베르네의 도록은 좋은 귀감이 되었다. 베르네는 루이 15세의 명령으로 프랑스 전역을 다니며 항구 풍경을 그렸다. 그의 그림은 본래 교역과 영토 방위를 위한 자료였지만 그 목적에 비해 지나치게 아름답다. 나는 베르네처럼 그저 독자를 대신해 발품을 팔고 공간을 경험하는 데 만족하기로 했다. 이런 내 임무를 충실히 이행한다면 르코르뷔지에의 건축과 사유는 프랑스의 항구 풍경처럼 분명 그 자체로 감동을 전달하게 될 것이다.

이러한 낙관적인 생각은 책을 시작하고 끝맺을 수 있는 용기를 주었다. 내 기행은 르코르뷔지에의 젊은 시절 여행만큼 집약적이지도, 10여 년에 걸친 베르네의 여정만큼 방대하지도 않다. 그러나 위대한 건축가의 놀라운 예술은 지면의 한계를 벗어나 독자를 사로잡고, 자신만의 방식으로 시적 반응을 불러일으킬 것이다. 이 책은 이러한 기대 속에서 쓰였다. 부디 이 책을 통해 모든 이들에게 집을 주고 건축의 행복을 전달하려 했던 르코르뷔지에의 예술혼이 더 큰 공감을 얻게 되기를 바란다.

르코르뷔지에 예술의 키워드

01 지중해

르코르뷔지에는 스위스 산간 지방에서 태어났지만 자신을 지중해 사람이라 여겼다. 그는 20대에 떠난 여행에서 지중해의 풍경을 처음 접했고, 찬란한 햇살 아래 놓인 기하학 형태의 건축을 이상향으로 삼았다. 그는 지중해 출신 이본 갈리스와 결혼했고, 휴가 때마다 지중해 연안을 찾아 시간을 보냈으며, 노년에는 그곳에 아예 별장을 짓고 살았다. 그가 세상을 떠난 곳 역시 바닷였으니 자신을 지중해 사람이라 칭할 만했다. 그는 마르세유, 바르셀로나, 알제 같은 지중해 연안 도시들에 깊은 관심을 가지고 도시계획에도 힘썼다.

02 동방 여행

르코르뷔지에는 대학 교육을 받지 않았다. 훗날 자격증 제도가 도입되어 경력을 인정받기 전까지 그는 학위도 자격증도 없는 건축가였다. 그런 그에게 여행은 '자기 수련'의 징표와

동방 여행지 중 하나인 부다페스트.

라투레트수도원의 모태가 된 르토로네 수도원.

도 같았다. 그는 여행지에서 민가와 사람들, 각종 건축물과 도시 모습을 관찰했고, 이를 예술의 자양분으로 삼았다. 특히 20대 중반에 떠난 동방 여행은 그에게 각별한 의미가 되었다. 그는 중부 유럽, 터키, 그리스, 이탈리아 등지를 돌며 건축의 본질을 고민했고, 비로소 제대로 된 건축가의 길을 걸을 수 있게 되었다. 당시 그의 소회를 담은 기행문은 훗날 '동방 여행'이라는 제목으로 출판되었다.

03 수도원

르코르뷔지에는 스무 살에 떠난 첫 여행에서 피렌체 인근 에마수도원을 방문한 뒤, 수도원 건축에 매료되었다. 수도사 개인의 공간과 공공 영역이 유기적으로 연결되고, 중간중간 아름다운 풍경이 펼쳐지는 수도원에서 그는 이상적인 도시 모습을 보았다. 그는 이를 바탕으로 일생 도시계획에 힘썼는데, 이는 환상적인 수도원 공간을 세상에 옮겨오기 위해서였다. 수도원은 도시계획뿐만 아니라 그의 건축의 밑거름이 되기도 했다. 간결한 재료와 구조로 이루어진 숭고한 공간에서 그는 '진실의 건축'을 보았고, 이를 자기 예술의 지향점으로 삼았다.

04 음악

르코르뷔지에는 음악에 둘러싸인 환경에서 자라났다. 피아노를 가르친 어머니와 바이올린을 전공한 형 덕분이었다. 그는 일곱 살에 피아노를 배우기 시작했는데, 음악적 재능이 뛰어났던 것 같지는 않다. 다만 어려서부터 어머니의 연주를 듣고 공연을 보러 다닌 덕분에 음악에 깊은 조예를 가지게 되었다. 그는 경제적 어려움을 겪던 시절에도 공연을 보러 다녔고, 음악을 위안 삼아 힘든 도제 수업 기간을 버텨냈다. 그는 클래식과 오페라에 심취해 있었는데, 무용수 조세핀 베이커와의 만남 이후 재즈에도 관심을 가지기 시작했다. 음악은 단순히 취미 생활만이 아니라 르코르뷔지에의 건축에도 영향을 주었다. 그의 노년 건축에는 음악에 기초한 패턴과 공간 구조가 심심치 않게 활용되었다.

05 스포츠

르코르뷔지에는 어려서부터 활동적이었다. 아마추어 등산가였던 아버지 덕분에 그는 스키에 빠져 지냈다. 설계 사무소 직원들과는 종종 농구를 했다. 바다 수영을 배운 이후에는 휴가 때마다 바다에 뛰어들었는데, 이는 모든 시름을 잊게 만들었다. 부작용도 있었다. 파도에 휩쓸리거나 모터보트에 치여 목숨을 잃을 뻔하는 등 크고 작은 사고가 끊이지 않았고, 그가 세상을 떠난 것도 수영 중 심장마비 때문이었다. 파리에서 그는 자전거로 출퇴근했고, 평소 맨손체조 같은 신체 활동을 중시했는데, 이를 위해 옥상정원과 발코니 같은 외부 공간을 주택에 마련하고자 노력했다.

06 안경

르코르뷔지에는 패션에 관심이 많았다. 그는 둥근 뿔테 안경과 보타이를 주로 하고 다녔는데, 이는 그의 트레이드마크가 되었다. 특히 둥근 뿔테 안경은 오늘날에도 많은 건축가들이 애용해 '건축가 안경'이라 불린다. 둥근 안경은 현대적이면서 고전적이고, 자유로우면서 정돈된 느낌을 준다. 또한 완전한 기하학 형태이면서 기능적이라는 점에서 근대건축의 대변자에게 잘 어울렸다. 르코르뷔지에는 왼쪽 눈에 문제가 있었고, 이런 점에서 안경은

르코르뷔지에의 패션.

패션보다는 의료기에 가까웠다. 그는 파리 정착 초기 왼쪽 눈 시력을 완전히 잃었지만, 왕성한 활동을 멈추지 않았고, 오히려 놀라운 통찰력으로 두 눈을 가진 이들이 보지 못하는 시대의 흐름과 변화를 읽어냈다.

07 독서

르코르뷔지에는 장서가는 아니었으나 평생 책에서 손을 떼지 않았다. 그는 윌리엄 리터부터 앙드레 말로, 폴 발레리 등에 이르는 당대의 문필가들과 폭넓게 교류했고, 그 자신이 수십 권의 책을 쓴 저자이기도 했다. 독특한 독서 스타일을 가지고 있었던 그는 사춘기 시절 읽던 책을 노년까지 반복해 읽었고, 이를 자기 인생에 투영했다. 그는 에르네스트 르낭의 『예수의 생애』와 에두아르 쉬레의 『신비주의의 위대한 선각자들』을 읽은 뒤 자신을 선지자로 여겼고, 건축의 근대화에 투신했다. 특히 미겔 데 세르반테스의 『돈키호테』와 니체의 『차라투스트라는 이렇게 말했다』는 그의 일생을 따라다녔다. 그는 감명 깊은 구절에 밑줄을 그으며 그 내용을 가슴에 새겼고, 건축을 혁신하고 사람들에게 집을 공급하기 위한 투쟁을 펼치면서 이를 지침으로 삼았다.

1887 스위스의 라쇼드퐁에서 태어나다

10월 6일, 스위스 서쪽 산간 지역인 라쇼드퐁의 라세르가 38번지에서 시계 장식가인 아버지와 음악을 가르치는 어머니 사이에서 태어난다. 본명은 샤를에두아르 잔느레그리. 우리에게 익숙한 로코르뷔지에라는 이름은 훗날 프랑스 파리의 문화예술계 한복판에서 활동할 때부터 쓰기 시작한 것이다. 그의 고향 라쇼드퐁은 '시계계곡'이라고 불릴 만큼 스위스 시계 산업의 중심지다. 그 영향으로 에두아르도 처음에는 아버지처럼 시계 장식가가 되어 가업을 이으려 한다. 그러나 시계 장식만이 아니라 보편적 장식미술 교육을 중시한 샤를 레플라트니에라는 스승을 만나면서 건축가의 길로 들어서게 된다.

라쇼드퐁.

1891   라쇼드퐁초등학교에 입학하다.

1900   샤를 레플라트니에가 가르치고 있던 미술학교에서 시계 장식 교육을 받기 시작
        하다. 레플라트니에는 에두아르의 진로 결정에 결정적인 역할을 한다.

1905   레플라트니에의 소개로 미술학교 운영 위원이던 루이 팔레의 주택 건축 작업을
        담당하다.

1907 이탈리아를 여행하다

에두아르는 빌라 팔레 건축으로 번 돈으로 9월부터 밀라노, 피렌체, 갈루초, 시에나, 볼로
냐, 파도바, 가르가노, 베니스 등 이탈리아 곳곳을 여행한다. 불과 얼마 전까지만 해도 고
향에서 장식미술을 공부한 그는 르네상스의 중심지에서 건축물들의 공간과 구조보다는
장식, 색채, 프레스코, 조각 등 2차원의 예술에 관심을 보이며 부지런히 수첩에 스케치한
다. 이 수첩에 담긴 여행 기록은 갓 스무 살이 된 청년의 '순수한 눈'으로 바라본 이탈리아
예술을 보여준다. 이탈리아 여행에서 그가 가장 매료된 곳은 피렌체 근교 갈루초에 있는
에마수도원이다. 사적 영역과 공용 공간이 분리되어 있으면서도 유기적으로 연결되어 있
고, 불필요한 것이라고는 하나 없으며, 아름다운 풍경까지 감상할 수 있는 이곳에서 그는
건축의 이상적 모델을 발견한다.

에마수도원.

1907	11월, 빈으로 가서 넉 달간 머물다. 여행 중에도 고향에서 건축 설계 주문이 들어온다.
1908	빈에서 요제프 호프만, 구스타프 클림트 등을 만나다. 3월, 뉘른베르크, 뮌헨, 스트라스부르, 낭시를 거쳐 마침내 파리를 도착한다. 오귀스트 페레 사무소에서 파트타임 설계사로 일한다.
1910	베를린에 있는 페터 베렌스 사무소에서 다섯 달 동안 생애 처음으로 전일제 근무를 하다.

1911 동방 여행을 하다

에두아르는 엘 그레코를 전공한 예술사가 오귀스트 클립스탱과 동방 여행에 나선다. 드레스덴에서 시작하여, 다뉴브강을 따라 프라하, 베오그라드, 부쿠레슈티 등 동유럽을 거쳐, 오스만제국의 수도인 이스탄불과 고대인의 놀라운 성취를 볼 수 있는 그리스까지 갔다가 돌아오는 여정이었다. 그것은 바로 '오래된 미래'로 떠나는 여행이었다. 특히 고대건축의 진수를 흠뻑 맛볼 수 있던 그리스는, 바로 얼마 전까지 파리의 페레 사무소와 베를린의 베렌스 사무소에서 근대적 건축 공법을 경험한 그에게 특별한 의미로 다가온다. 보편적 미의 규범과 시공을 초월한 생명력을 보여주면서 감각적 기쁨을 영원으로 승화시킨 언덕 위 신전은 새로운 시대에 맞는 새로운 건축의 길을 제시한다.

파르테논신전.

1912   라쇼드퐁에 머물며 빌라 잔느레페레('하얀 집')과 빌라 파브르자코를 건설하다.

1914   돔이노 구조의 주택을 연구하다.

1917   라쇼드퐁을 완전히 떠나다. 파리 자코브가 20번지에서 1933년까지 체류하다.

1918   오장팡을 만나다

파리 정착 초기, 에두아르는 페레의 소개로
화가 아메데 오장팡을 만나면서 전업 화가의
꿈을 이어가는 가운데 문화예술계와 교분을
쌓아간다. 에두아르는 오장팡의 작업실에서
그림을 그리고 일상을 공유하면서 전후 예술
활동에 적극적으로 참여한다. 새로운 예술에
대한 열망으로 가득하던 두 사람은 장식으로
얼룩진 기존의 조형 언어 대신 기하학적이고
순수한 형태를 선호한다. 그들은 이것에 '순
수주의'라는 이름을 붙이고 각종 글과 전시
를 통해 소개했다. 1919년에는《에스프리 누
보》라는 비판적 전위예술 평론지를 창간하

르코르뷔지에가 파리 정착 초기에 머물렀던
자코브가.

여 새로운 정신, 새로운 미학의 중요성을 설
파한다. '집은 살기 위한 기계'라는 등 급진적인 주장을 담고 있던 이 잡지는 분란을 일으키
며 문화예술계 엘리트층에게 점점 큰 영향력을 발휘해간다.

1920   화가 페르낭 레제와 만나다. '르코르뷔지에'를 필명으로 쓰기 시작한다.

1922   사촌 피에르 잔느레와 손잡고 일하기 시작하다. 의상실 조브에서 모나코 출신의
이본 갈리스와 만난다. 해마다 파리에서 열리는 전시회인 살롱도톤에서 300만
명이 살 수 있는 현대 도시를 선보인다. 오장팡 스튜디오를 건축한다. 시트로앙
주택 등을 연구한다.

1923   대표작『건축을 향하여』를 출간하다. 파리에 빌라 라로슈를 건축한다.

1924 세브르가 35번지, 위대한 건축물의 산실이 되다

파리 정착 후 몇 년 사이에 르코르뷔지에는 유명 인사가 되고, 그의 건축 양식 역시 큰 변화를 겪는다. 어느 곳에 지어도 어울릴 법한 구두 상자 같은 기하학적 건축은 그를 대표하는 브랜드가 되어 곳곳에 지어지기 시작한다. 이로써 한동안 멈추었던 건축 작업에 다시 열정적으로 임한다. 그는 사촌 피에르 잔느레와 함께 파리 6구 세브르가 35번지에 설계 사무소를 차렸다. 사무소는 날로 번창하고 활기를 띤다. 세계 각국의 인재들도 몰려든다. 한국의 1세대 건축을 대표하는 김중업도 이곳을 거쳐간다. 르코르뷔지에를 대표하는 '빌라 사보아'를 비롯하여 '롱샹성당' '라투레트수도원' 같은 위대한 건축물이 이곳에서 탄생한다.

세브르가.

1924 『도시계획』을 출간하다. 부모님의 노년 생활을 위해 스위스 코르소의 레만호에 르락('작은 집')을 건축한다.
1925 『오늘날의 장식미술』『현대회화』(오장팡과 공저)를 출간하다. 파리에 에스프리 누보관을, 페사크에 주거단지를 건축한다. 부아쟁 계획에 관해 연구한다.
1926 『산업화 시대의 건축』을 출간하다.

1927   마드리드, 바르셀로나, 브뤼셀, 프랑크푸르트 등지에서 강연하다. 제네바에서 열린 국제연맹 청사 설계 공모전에서 1등을 차지하지만, 보수적인 건축계 인사들의 입김으로 당선이 취소된다. 가르슈에 빌라 스탱을, 파리에 빌라 플라넥스를, 슈투트가르트에 바이센호프 주거단지를 건축한다.

1928   세계 각처의 건축가들을 규합하여 근대건축국제회의CIAM을 만든다. 『주택-건물』을 출간한다.

1929   남아메리카를 여행하다. 부에노스아이레스, 리우데자네이루, 상파울루 등지에서 강연한다.

1929   빌라 사보아로 근대건축의 출발을 알리다

르코르뷔지에는 사업가 피에르 사보아의 의뢰로 파리 외곽 푸아시라는 작은 마을의 언덕 위에 하얀 박스 모양의 건물을 짓기 시작한다. 여기에는 새로운 시대에 맞는 새로운 건축에 관해 르코르뷔지에가 고민해온 것들이 종합적으로 녹아 있다. 앞서 그는 근대건축의 5원칙으로 1) 얇은 기둥 몇 개로 건물을 떠받치게 하는 필로티 구조 2) 경사지붕과 다락방 대신 평평한 옥상 위에 정원을 만든 옥상정원 3) 건물의 하중이 벽이 아니라 기둥으로 전달되게 함으로써 벽을 원하는 곳에 세울 수 있는 자유로운 평면 개념 4) 파노라마적 전경을 즐길 수 있는 수평창 5) 외벽을 유연하게 디자인할 수 있는 자유로운 입면 개념을 제시한 바 있다. 바로 빌라 사보아를 통해 이를 구현해 보임으로써 근대건축의 출발을 알린다. 그러나 르코르뷔지에게는 자랑스러운 대표작이지만, 사보아 가족들은 방수 문제로 많은 고통을 겪는다.

필로티 구조의 건물.

1930 프랑스로 귀화하다. 이본 갈리스와 결혼한다. 모스크바와 스페인을 여행한다. 파리 남쪽에 있는 국제학생기숙사촌인 시테위니베르시테르에 스위스관을 건축한다. 알제 도시계획에 착수한다.

1931 잔느레와 함께 스페인, 모로코, 알제리를 여행하다. 파리 낭주세에콜리가에 공동 주택을 건축한다.

1932 스톡홀름, 오슬로, 예테보리, 앙베르, 알제 등에서 강연하다.

1934 낭주세에콜리가 24번지에 작업실을 마련하다. 알제를 자주 여행한다.

1935 『찬란한 도시』를 출간하다. 뉴욕 모마의 초청으로 보스턴, 시카고, 필라델피아 등에서 강연한다.

1936 두 번째로 남아메리카를 여행하다.

1937 『성당이 하얀색이었을 때』를 출간하다.

1938 건축가이자 비평가인 장 바도비치가 로크브륀느카프마르탱에 있는 자신의 별장인 E-1027로 르코르뷔지에 부부를 초대하다. 르코르비지에는 이 집 안에 여덟 점의 벽화를 그린다.

1940 제2차 세계대전 중 독일군에게 파리가 함락되면서 세브르가의 작업실 문을 닫고 아내 이본, 사촌 잔느레와 함께 피레네산맥의 작은 마을인 오종으로 떠나다.

1941 비시에서 체류하다.

1942 세브르가의 작업실을 다시 열다. 『인간의 집』(프랑수아 드 피에르뢰와 공저) 『뮈롱댕 건축』을 출간한다.

1943 『아테네 헌장』을 출간하다.

1945 『세 개의 인간 시설』을 출간하다.

1946 미국 프린스턴을 여행하면서 알베르트 아인슈타인과 만나다. 『도시계획의 목적』 『도시계획을 생각하는 방식』을 출간한다.

1947 『UN 본부』를 출간하다. 마르세유에 위니테 다비타시옹의 기초공사를 시작한다.

1949 피카소와 함께 위니테 다비타시옹 공사 현장을 방문하다.

1950 롱상성당 초안을 구상하다. 『모뒬로르 1』『알제에 관한 시학』『마르세유의 위니테 다비타시옹』을 출간한다. 로크브륀느카프마르탱에 작은 통나무집을 짓는다.

1951 인도의 찬디가르와 아메다바드를 방문하다. 뉴욕 모마에서 전시회를 개최한다.

1952 현대식 아파트를 탄생시키다

두 차례의 세계대전이 끝난 뒤 잿더미가 된 국토를 재건하고 난민들에게 집을 제공하는 일이 드골 정부의 최대 현안으로 대두된다. 이에 국가재건위원회에 참여하게 된 르코르뷔지에는 마르세유에 대규모 집합 주거 건물을 짓기 시작된다. 주택난이 심각한 상황 속에서 집합 주거 형태는 현실적인 대안이 된다. 현대식 아파트인 위니테 다비타시옹은 단 한 동으로 1600명가량을 수용할 수 있다. 주거 공간 이외에도 상업 공간, 테라스, 체육관, 소극장 등이 들어서면서 도시의 많은 기능을 대체한다. 빌라 사보아 등을 지으면서 시행착오를 겪은 르코르뷔지에는 이제 단순히 예술적 실험만을 추구하지 않고 거주민들에게 최대의 편안함과 행복을 주기 위해 고심한다. 그리하여 고대 건물에서 본 비례와 균제의 원리를 현대화하여 적용하고, 인간의 신체에 기반한 모뒬로르라는 척도법을 도입함으로써 건물을 규격화하는 동시에 그것에 아름다움을 부여한다. 또한 개인과 세대의 독립성을 충족시키면서도 더불어 사는 삶의 즐거움을 맛보게 함으로써 일찍이 에마수도원을 보면서 품은 건축의 이상을 현실로 구현해낸다.

마르세유 위니테 다비타시옹너머로 보이는 지중해.

1955 롱샹성당을 완공하다

젊은 시절 아크로폴리스 위의 파르테논신전에서 깊은 감명을 받은 르코르뷔지에는, 많은 시간을 돌고 돌아 프랑스의 한 시골 마을 언덕 위에 자신만의 스타일로 고대의 신전을 구현해낸다. 그 이전까지는 어디에 세워도 이상하지 않을 상자 모양의 건물을 지은 그였지만, 롱샹 언덕에서는 대지와 자연의 울림에 공명하듯이 음악처럼 유려하고 아름다우면서도 기이하고 모호한 형태의 건축물을 세운다. 그는 롱샹의 역사와 가치를 충분히 고려하면서도 기존 종교 건축의 문법에 얽매이지 않는다. 특히 자연광을 효과적으로 이용하고 색을 과감히 씀으로써 자유롭고 환상적이며 생동하는 공간을 창조해낸다. 가톨릭의 현대화를 위해 많은 노력을 기울여온 마리알랭 쿠튀리에 신부는 무신론자인 르코르뷔지에를 설계자로 적극 내세우면서 그에게 디자인의 자유를 전적으로 보장해준다. 그 결과 가장 조형적인 근대 종교 건축물이 탄생한다.

롱샹 마을 입구.

1955 『직각의 시』『모뒬로르 2』『행복의 건축: 도시계획이 열쇠다』 출간하다.

1956 『파리 플랜』을 출간하다.

1957 아내 이본이 사망하다. 『건축의 시학에 관하여』『롱샹』을 출간하다. 베를린에 위
니테 다비타시옹을, 도쿄에 서양미술관을 건축한다.

1960 찬란한 빛의 제단 라투레트수도원을 세우다

롱샹성당 공사가 아직 끝나기도 전에 쿠튀리에 신부는 르코르뷔지에에게 리옹 인근 마을
에 도미니크회 수도원을 지어달라고 의뢰한다. 그러고는 역시 디자인의 자유를 보장하는
한편, 프랑스 남동쪽에 있는 르토로네수도원을 한번 찾아가보라고 요청한다. 르토로네수
도원을 찾은 르코르뷔지에는 그곳의 소박하고 경건한 분위기와, 곳곳에 드리워져 있는 신
성한 빛과 고요한 어둠에서 깊은 감동을 받았다. 이것은 그의 또 다른 걸작인 라투레트수
도원의 모태가 된다. 그는 라투레트수도원을 지으면서도 하늘의 빛에 주목한다. 빛과 그
림자가 다양하게 변주할 수 있도록 건물을 설계하는 한편, 사제 양성 기관으로 설립된 수
도원의 기능에 맞게 예배당과 회의실, 도서관과 강의실, 100개에 달하는 수도실과 식당을
기능적으로 배치하고 유기적으로 연결함으로써 에뵈쉬르아브렐 마을 외곽 산비탈에 가
장 효율적이면서도 영적인 세계를 창조한다.

1961 하버드대학의 카펜터시각예술센터를 건축하다. 『1961 오르세-파리』를 출간한다.

1964 프랑스 정부로부터 레지옹 도뇌르 최고 훈장을 받다.

1965 8월 27일, 지중해의 로크브륀느카프마르탱에서 수영을 하던 중 사망하다.

참고 문헌

Bacon, Mardges, *Le Corbusier in America: Travels in the Land of the Timid*, MA: MIT Press, 2001.

Benton, Tim et al.(ed.), *Le Corbusier & The Architeture of Reinvention*, London: Architectural Association, 2003.

Benton, Tim, *The Rhetoric of Modernism: Le Corbusier as a Lecturer*, Basel: Birkhäuser, 2009.

Benton, Tim, *The Villas of Le Corbusier and Pierre Jeanneret 1920~1930*, Basel: Birkhäuser, 2007.

Birksted, J. K., *Le Corbusier and the Occult*, MA: MIT Press, 2009.

Boesiger, Willy, Stonorov, Oscar and Bill, Max(eds.), *Le Corbusier – Œuvre complète en 8 volumes*, Basel: Birkhäuser, 1995.

Boudon, Philippe, *Lived-in Architecture: Le Corbusier's Pessac Revisited*, MA: The MIT Press, 1972.

Boyer, M. Christine, *Le Corbusier: Homme de Lettres*, NY: Princeton, 2010.

Brillhart, Jacob, *Voyage Le Corbusier: Drawing on the Road*, NY: Norton, 2016.

Brooks, H. Allen, *Le Corbusier's Formative Years: Charles-Edouard Jeanneret at La Chaux-de-Fonds*, Chicago: University of Chicago Press, 1997.

Cinqualbre, Olivier and Migayrou, Frédéric , *Le Corbusier: The Measures of Man*, Zurich: Scheidegger & Spiess, 2015.

Cohen, Jean-Louis and Ahrenberg, Staffan(ed.), *Le Corbusier's Secret Laboratory from Painting to Architecture*, Ostfildern: Hatje Cantz, 2013.

Cohen, Jean-Louis et al.(ed.), *Le Corbusier: Le Grand*, London: Phaidon, 2008.

Cohen, Jean-Louis, *Le Corbusier: An Atlas of Modern Landscapes*, London: Thames & Hudson, 2013.

Curtis, William J. R., *Le Corbusier: Ideas and Forms*, London: Phaidon, 2015.

D'Ayot, Catherine Dumont, *Le Corbusier's Pavillon for Zurich*, Baden: Lars Müller Publishers, 2013.

Eliel, Carol, S., *L'Esprit Nouveau: Purism in Paris 1918~1925*, NY: Harry N. Abrams, 2001.

Flint, Anthony, *Modern Man: The Life of Le Corbusier, Architect of Tomorrow*, NY: New Harvest, 2014.

Frampton, Kenneth, *Le Corbusier: Architect and Visionary*, London: Thames & Hudson, 2001.

Heer, Jan de, *The Architectonic Colour: Polychromy in the Purist Architecture of Le Corbusier*, Rotterdam: 010 Publischers, 2009.

Jencks, Charles, *Le Corbusier and the Continual Revolution in Architecture*, NY: Monacelli, 2000.

Le Corbusier, *Le Corbusier und das Gedicht vom rechten Winkel*, Ostfildern: Hatje Cantz, 2012.

Le Corbusier, *Le Corbusier: A Study of the Decorative Art Movement in Germany*, Kris, Mateo(ed.), Weil am Rhein: Vitra Design Museum, 2014.

Le Corbusier, *Le Corbusier: Correspondance - tome 1 Lettres à la famille 1900~1925*, Baudoui, Rémi and Dercelles, Arnaud(ed.), Paris: Infolio, 2011.

Le Corbusier, *Le Corbusier: Correspondance - tome 2 Lettres à la famille 1926~1946*, Baudoui, Rémi and Dercelles, Arnaud(ed.), Paris: Infolio, 2013.

Le Corbusier, *Le Corbusier: Correspondance - tome 3 Lettres à la famille 1947~1965*, Baudoui, Rémi and Dercelles, Arnaud(ed.), Paris: Infolio, 2016.

Le Corbusier, *Le Corbusier: Sketchbooks, Vol. 1, 1914~1948*, MA: MIT Press, 1981.

Le Corbusier, *Le Corbusier: Sketchbooks, Vol. 2, 1950~1954*, MA: MIT Press, 1981.

Le Corbusier, *Le Corbusier: Sketchbooks, Vol. 3, 1954~1957*, MA: MIT Press, 1982.

Le Corbusier, *Le Corbusier: Sketchbooks, Vol. 4, 1957~1964*, MA: MIT Press, 1982.

Le Corbusier, *Poem an Algier*, Ostfildern: Hatje Cantz, 2016.

Le Corbusier, *Précision sur en, état présent de l'architecture et de l'urbanisme*, Paris: crés, 1930.

Le Corbusier, *When the Cathedrals were White*, NY: LcGraw-Hill Book, 1964.

Maak, Niklas, *Der Architekt am Strand*, München: Hanser, 2010.

Malcom, Millais, *Le Corbusier: the Dishonest Architect*, Newcastle upon Tyne: Cambridge Scholars Publishing, 2017.

Moos, Stanislaus von and Rüegg, Arthur, *Le Corbusier before Le Corbusier*, New Haven: Yale, 2002.

Moos, Stanislaus von, *Le Corbusier: Elements of a Synthesis*, Rotterdam: 010 Publischers, 2009.

Muscheler, Ursula, *Gruppenbild mit Meister: Le Corbusier und seine Mitarbeiter*, Berlin: Berenberg, 2014.

Pare, Richard, *Le Corbusier: The Built Work*, NY: Monacelli, 2018.

Pauly, Danièle, *Le Corbusier: Drawing as Process*, New Haven: Yale, 2018.

Pauly, Danièle, *Le Corbusier: the Chapel at Ronchamp*, Basel: Birkhäuser, 2008.

Pauly, Danièle(ed.), *Le Corbusier et la Méditerranée, Marseille*: Éditions Parenthèses, 1987.

Petit, Jean, *Le Corbusier lui-même*, Genève: Éditions Rousseau, 1970.

Richards, Simon, *Le Corbusier and the Concept of Self*, New Haven: Yale University Press, 2003.

Samuel, Flora and Inge Linder-Gaillard, *Sacred Concrete: The Churches of Le Corbusier*, Basel: Birkhäuser, 2013.

Samuel, Flora, *Le Corbusier and the Architectural Promenade*, Basel: Birkhäuser, 2010.

Samuel, Flora, *Le Corbusier: Architect and Feminist*, NY: Wiley-Academy, 2004.

Sbriglio, Jacques, *Le Corbusier & Lucien Hervé: A Dialogue between Architect and Photographer*, London: Thames & Hudson, 2011.

Smet, Catherine De, *Vers une architecture du livre: Le Corbusier*, Baden: Lars Müller Publishers, 2005.

Valéry, Paul, *Eupalinos oder Der Architekt*, Frankfurt am Main: Suhrkamp, 1990.

Vegesack, Alexander von, et al.(ed.), *Le Corbusier: The Art of Architecture*, Weil am Rhein: Vitra Design Museum, 2007.

Weber, Nicholas Fox, *Le Corbusier: A Life*, NY: Alfred A. Knopf, 2008.

Wogenscky, André, *Le Corbusier's Hands*, MA: The MIT Press, 2006.

니콜라스 판, 『르 코르뷔지에: 언덕 위 수도원』, 허유영 옮김, 컬처북스, 2013.

도미나기 유주루, 『르 코르뷔지에』, 김인산 옮김, 르네상스, 2005.

르 꼬르뷔제, 『르 꼬르뷔제 건축 작품과 프로젝트 세트』, 김경훈 옮김, MGHBooks, 2012.

르 코르뷔지에, 『건축을 향하여』, 이관석 옮김, 동녘, 2007.

르 코르뷔지에, 『도시계획』, 정성현 옮김, 동녘, 2007.

르 코르뷔지에, 『르 코르뷔지에의 동방 여행』, 최정수 옮김, 안그라픽스, 2010.

르 코르뷔지에, 『르 코르뷔지에의 사유』, 정진국 옮김, 열화당, 2013.

르 코르뷔지에, 『모뒬로르』, 손세욱, 김경완 옮김, CIR, 2016.

르 코르뷔지에, 『오늘날의 장식예술』, 이관석 옮김, 동녘, 2007.

르 코르뷔지에, 『작은 집』, 이관석 옮김, 열화당, 2012.

르 코르뷔지에, 『프레시지옹』,
    이관석, 정진국 옮김, 동녘, 2004.

보겐스키, 앙드레, 『르 꼬르뷔제의 손』, 이상림 옮김, 공간사, 2006.

사보아, 장마크, 『르 코르뷔지에: 빌라 사보아의 찬란한 시간들』, 오부와, 2018.

이관석, 『빛과 공간의 건축가 르 코르뷔지에』, 기문당, 2014.

장제로, 장, 『르 코르뷔지에: 인간을 위한 건축』, 시공사, 1997.

사진 크레디트

1 ⓒ Hulton Archive / getty images Korea | 2~3 ⓒ Bloomberg / getty images Korea | 4 ⓒ Sylvain Sonnet / getty images Korea | 8 ⓒ Pierre Suu / getty images Korea | 15, 224, 243, 265 ⓒ 신승철 | 25 ⓒ Isabelle Pinsson / getty images Korea | 29 ⓒ ullstein bild Dtl. / getty images Korea | 32~33 ⓒ Elenarts / getty images Korea | 43 ⓒ Elenarts / getty images Korea | 49 ⓒ boggy22 / getty images Korea | 53 ⓒ Vyacheslav Lopatin / getty images Korea | 56 ⓒ Domenico Tondini / getty images Korea | 62~63 ⓒ Education Images / getty images Korea | 67 ⓒ Sebastian Rentschler / getty images Korea | 77 ⓒ Guilhem Vellut / Wikimedia Commons 79 ⓒ Jean-Pierre Dalbéra / Wikimedia Commons | 84 ⓒ Doris Antony / Wikimedia Commons | 100 ⓒ SStajic / getty images Korea | 103 ⓒ Zoonar/Kokhanchikov / getty images Korea | 107 ⓒ LindaMarieCaldwell / getty images Korea | 111 ⓒ Zoonar/Andrey Kravchenko / getty images Korea | 115 ⓒ Athanasios Gioumpasis / getty images Korea | 119 ⓒ Leonid Andronov / getty images Korea | 127 ⓒ Pascopix / getty images Korea | 135 ⓒ Joan Woollcombe Collection / getty images Korea | 155 ⓒ Lionel Allorge / Wikimedia Commons | 158 ⓒ Keystone-France / getty images Korea | 164 ⓒ Aurelien Morissard/IP3 / getty images Korea | 168 ⓒ neuro / Wikimedia Commons | 183 ⓒ Limongi / Wikimedia Commons | 188 ⓒ SERGEY STRELKOV / getty images Korea | 198 ⓒ ullstein bild / getty images Korea | 208 ⓒ Ivan Vdovin / getty images Korea | 214 ⓒ Ivan Vdovin / getty images Korea | 217 ⓒ DV TRAVEL / getty images Korea | 221 ⓒ Berhnard MOOSBRUGGER/GAMMA-RAPHO / getty images Korea | 232 ⓒ BRIAN ORMEROD PHOTOGRAPHER / getty images Korea | 249 ⓒ KEYSTONE-FRANCE/GAMMA-RAPHO / getty images Korea | 254 ⓒ RossHelen / getty images Korea | 255 ⓒ Fundador / Wikimedia Commons | 257 ⓒ Hulton Deutsch / getty images Korea | 258 ⓒ Jérémy Toma / Wikimedia Commons | 260 ⓒ Thermos / Wikimedia Commons | | 261 ⓒ Groume / Wikimedia Commons | 262 ⓒ Mbzt / Wikimedia Commons 263 ⓒ Samory Pereira Santos / Wikimedia Commons | 266 ⓒ M.Minderhoud / Wikimedia Commons

클래식 클라우드 023

르코르뷔지에

1판 1쇄 발행 2020년 8월 24일
1판 3쇄 발행 2024년 11월 4일

지은이 신승철
펴낸이 김영곤
펴낸곳 아르테

편집팀 정지은 김지혜 박지석 이영애
출판마케팅팀 한충희 남정한 나은경 최명열 한경화
영업팀 변유경 김영남 강경남 최유성 전연우 황성진 권채영 김도연
제작팀 이영민 권경민
디자인 박대성 일러스트 최광렬

출판등록 2000년 5월 6일 제406-2003-061호
주소 (10881) 경기도 파주시 회동길 201(문발동)
대표전화 031-955-2100 팩스 031-955-2151

ISBN 978-89-509-8971-2 04000
ISBN 978-89-509-7413-8 (세트)
아르테는 (주)북이십일의 문학·교양 브랜드입니다.

(주)북이십일 경계를 허무는 콘텐츠 리더

네이버오디오클립/팟캐스트 [클래식 클라우드 – 책보다 여행], 유튜브 [클래식클라우드]를 검색하세요.
네이버포스트 post.naver.com/classic_cloud
페이스북 www.facebook.com/21classiccloud
인스타그램 www.instagram.com/classic_cloud21
유튜브 youtube.com/c/classiccloud21